夢は叶えるためにある

韓国医療界の“革命児”はこうして誕生した

李吉女［著］　金正出［訳］

東海教育研究所

プロローグ――美しい風車

かつて、赤茶けた荒廃した原野があった。その端は見えないほど果てしなく広く、誰もそこは遠からず砂漠になるだろうと思った。ところがある日、苗木を植え始めた者がいた。それを見た村人たちはせせら笑った。

「こんな荒れた原野に木を植えてどうするんだ？」

「でもね、ここが後のち森になることを誰がわかる？」

「二〇〇年後にはね？　さもなければ、二〇〇年後にはね、きっと」

それを聞いて、人びとは前よりもせせら笑った。だが彼は、一日たりとも木を植えるのをやめなかった。ひと月が過ぎ一年が過ぎたが、初めの頃植えた木々はやっと足首ほどの高さにしか育っただけで、か細く弱々しい苗木にすぎなかった。そして、人びとは彼のことを依然としてせせら笑った。彼の家の者たちも、あきれ果てて止めようともしなかった。そうして、また数年が流れた。

初めの頃植えた苗木は、なかなかしっかりとし、緑の色艶もついてきた。そうして、しばらく経つと、村の道端や原っぱで遊んでいた子供の何人かが、彼の後について木を植え始めた。初めの頃は、ただ遊びのようにやっていたが、時間が経つにつれて子供たちは「誰がもっとたくさん木を植えるか」という競争を始めるようになった。しばらく経つと、子供たちにとって木を植えることが日々の遊びになった。そして、子供たちと一緒に植えた木の上で鳥たちが飛び交うようになった。そんな光景を見た家族や村の人びとも、木を植え始めた。こうして、村の人びとが皆立ち上がるようになった。

歳月が流れ、地平線の彼方まで荒れ果てていた原野は緑豊かな森となった。初めにそこに木を植えた人はとっくに死に、家族も村人たちも代替わりした。それでも、村人たちはたゆみなくそこに木を植え続けた。彼らにとって木を植えることはご飯を食べるのと同じように、毎日の日課の一部になった。

これはフランスの作家、ジャン・ジオノの『木を植えた男』の粗筋である。この本は、一人の人間の地道な努力と献身によって、不可能に思えた原野の緑化、すなわち森を造ったという話である。しかも、その森はけっして個人のためではなく、皆のための森であった。このように、個人の努力と能力を他の人びとと社会の発展のために使う時、その社会は健全で平和になる。

これとよく似た話が中国にもある。『列子』「湯問篇」にある「愚公移山」という故事がそれである。愚公という九〇歳にもなる老人が山に囲まれて暮らすのが不便なので、大きな山を移そうとすると、家族はもちろんのこと周りの人びとが誰も止めた。すると、愚公は「私がやることができなければ、子々孫々、代を継いで山を崩して海に投げ捨てればよい」と言って、山を穿《うが》ち始めた。これに、玉皇上帝（道教でいう天の神）が感動し、結局、山を移してあげるという話である。

今改めて、「至誠であれば感天する」という言葉が頭に浮かぶ。誠の気持ちが極まれば、天も感動するという意味だ。改めて考えてみると、「天」はすなわち人の心と人の心を指す場合が多い。人はすなわち天だという東学《トンハク》（李朝末期の一八六〇年、崔済愚《チェジェウ》が外国勢力に対抗しようとして創始した民族宗教。現在の天道教《チョンドギョ》の前身）の「人乃天」（人すなわち天）の思想も同じ意味であろう。「一本の葦《あし》にすぎないか弱い人間」に、心という神の贈り物があり、あなたと私の心、そして隣人の心を合わせれば偉大なことをなすことができるのだ。

不毛の地に一本の苗木を植え始めた心持ち、巨大な山を移すために一握りの土を掬《すく》うことから始めた心意気。明らかに、初めは愚かでくだらない行為と見えたであろう。しかし、こうした愚かな行為が私たちと隣人の心を動かし、感動を与えたし、世の中を動かして変える偉大な力となる。そうしてしかる後には、歴史を変え、世界を変えるのではなかろうか。

私は大学を出てから、医療と教育という分野に没頭してきた。私が医者になった一九五〇年代、韓国の医療の現実は「不毛」と形容されるほど、劣悪で暗澹たる状況だった。

しかし私は、木を植える気持ちで遠い将来の青写真を描いて邁進した。食事を摂るのも忘れ、寝る暇もないほど患者の中に分け入り、それこそ「獅子奮迅」のように働いた。歯を食いしばり、困難な状況を克服しようとする気持ちよりもそんな環境への挑戦を楽しんだし、それが幸せだった。そうして歳月が流れ、半世紀にもなった。

医者として「吉《キル》病院」を経営し、子供の頃からのもう一つの夢だった教育事業を立ち上げた。教育は私の専門分野ではなかったが、ひとたび湧き上がり始めた熱病のような挑戦の欲求をとうてい食い止めることができなかった。昼夜を分かたず飛び回って嘉泉《カチョン》医科大学を設立し、暻園《キョンウォン》大学を引き取った。そして今、それらを統合して嘉泉大学が発足して六年になる。

教育とは、人材の育成を通じて社会のため、国のために尽くす道でもある。医療の分野でも同じだが、教育の分野でもやはり、私益を残し財産を蓄える事業ではない。遠い将来を見越してリンゴの木一本を植える、そんな公益にのみ没頭する私を引き止める者も少なくなかった。しかし私は、立ち止まろうとしなかった。

子供の頃、風車《かざぐるま》を持って幼友だちと一緒に山や野原を駆け巡ったものだ。そんな風車のように、私は向かい風を厭わず、自分の道を突っ走ってきた。一寸先が見えない逆境を耐えなければならなかったし、何度も挫折に打ち克ってきた。しかし、風が強ければ強いほど、力強く回る風車のように私は挑戦をやめなかった。不屈のたゆみない応戦で、風に打ち克ってきた。風車——それは私にとって生きることを意味し、凱旋のパレードである。孤独で険しい道だったが、ずっと誇りを感じてきた。私が植え、手入れしてきた木々には、吉病院と嘉泉大学の二つのキャンパスを始めとする「京仁日報《キョンイン》」、嘉泉文化財団、信明《シンミョン》女子高校などがある。それらの木々は、すくすくと立派に育っている。そこでは、私の風車の夢を引き継ぐ人材たちが育っている。私のまたとない誇りであり、財産である。

人材は希望であり、財産なのだ。彼らが隣人と世の中のために明るい灯を点《とも》したならば、私の夢は完成するだろう。

末尾になったが、このたびもまた、忙しい中、私の本のために惜しみないご協力をしてくださった在日の同志、金正出《キムジョンチュル》先生に感謝したい。コマプスムニダ。

二〇一二年秋

嘉泉《カチョン》・李吉女《イギルニョ》

推薦のことば——温もりを感じる公益の世界

中国の古典『三字経』には、寒い冬の夜、父母が寝ている布団の中に先に入って、自分の体温で温めたという黄香の話がある。これとよく似た話が日本にもある。それは冬場、主君の履物を懐で温めた家来の話だ。そのおかげで、主君はいつも温かい履物をはくことができたという。彼こそその後、戦国の天下を統一し、壬辰《イムジン》・丁酉《チョンユ》倭乱《ウェラン》（文禄・慶長の役）を引き起こした豊臣秀吉その人である。韓国にもこれらとは少し違うが、似たような話がある。胸の中にいつも聴診器を入れて歩く若い女医師の話だ。言うまでもなく、患者の体に聴診器を当てても冷たくないようにとのはからいからだ。

これらの話はいずれも、自分の体温で他人を喜ばそうとしてやったことだが、それぞれ意味が異なる。前者は自分を生んで育ててくれた父母に当然のこととして親孝行したのであり、後者は生殺与奪権を握っている主君に、臣下として取り立ててもらおうとする下心からしたものと見ることができるからだ。しかし、患者を治療する医者が聴診器を胸に掛けて歩いていたということは、純粋な意味で診ることであり、心の温かさからくるものである。それは言うまでもなく、わざとらしく目論んでできることでもなく、もとよりいかなる義務や計算も隠されていない真心のなせるわざである。

その温かい聴診器の主人公こそ、李吉女《イギルニョ》総長である。彼女が胸にいつも抱いている聴診器は、現在世界で最も高い解像度を誇る七テスラ磁気高明映像装置（ＭＲＩ）に変わった。これのみならず、真心からの奉仕の精神は嘉泉医大吉病院という大きな医療機関を生んだし、また嘉泉大学という堂々たる教育機関を誕生させた。さらに、育児共同体を追求する「セサル マウル」（韓国語で三歳村）のような多くの公益団体を設けた。李吉女総長の温かさと智慧こそ企業の社会的責任（ＣＲＳ）のモデルと言えよう。

貧しい人を助け、困難な状況にある人びとに手を差しのべない企業は、もうそれ以上発展するのは難しいだろう。これまで企業は頭脳を使って発展してきた。しかし今は、感性の時代、共感の時代、そして相生（共生、公生）の時代である。今後、企業の活動は心がなくては不可能である。本書『夢は叶えるためにある』（原題は、美しい風車）がこのことを如実に物語っている。本書は、李吉女総長がこれまで実践してきた社会貢献のプログラムをもとに、仕えることのリーダーシップが何なのか、その方法と目的がいかなる結果をもたらすかを教えてくれる。

韓国には「鳥は泣いても涙を流さない」という諺がある。この諺が言わんとしているのは、行動をしてもそれを他者にひけらかさず、また施してもその痕跡を残さない奉仕がどれほど大切かを意味している。韓国では昔から「十尋《とひろ》も深い水の底は見えるが、一寸の人の胸の内はわからない」という。しかし、この本には一寸の胸の内に込められた無限の想像力と行動力、そしてその智慧と人格のすべてが込められている。

二〇一二年秋

李《イ》御寧《オリョン》（韓国の初代文化部長官）

目次

Part2 選択／119

Part1　千年の大計

一歩先を歩め

公益という名のもう一つの愛

二〇一〇年一〇月一五日午後、京畿道城南市の後に嘉泉大学に統合される、城南キャンパスの正門を入りながら、私は少しもの思いに耽っていた。新築棟の「ビジョンタワー」の竣工式が行われた日、ビジョンタワーが持ついくつかの「最高」の記録は、私に安堵感を与えてくれた。学生たちとの約束を守ったし、その約束を今後も守っていけるという安堵感に浸っていた。ビジョンタワーは何よりも私に「約束の象徴」であり、荒れ地に木を植えて造った皆の森だったからだ。そして、それから約九か月が過ぎた二〇一一年七月一一日、教育科学技術部（部は日本の省に当たり、文部科学省に相当）から暻園《キョンウォン》大学と嘉泉医科学大学の統合の承認が下りた。そして新たに「嘉泉大学」が誕生したのだ。

一九九八年、嘉泉吉財団は経営難で苦しんでいた暻園大学を引き取り、二〇〇六年には嘉泉医科大学と嘉泉吉《カチョンキル》大学（二年制）を統合して嘉泉医科学大学を誕生させた。二〇〇七年一月には暻園大学と暻園専門大学（二年制）を統合した。そして、二〇〇九年一二月には教科部（教育科学技術部の略）の承認を得て、嘉泉医科学大学校法人と暻園大学校法人を統合して「嘉泉暻園学園」として新たな出発をした。暻園学園と嘉泉学園の統合は暻園大学と嘉泉医科学大学の統合のための過程だった。私が二つの大学の統合を積極的に進めた理由は、統合によってシナジー効果（相乗効果）を期待したからだ。首都圏南の新興名門である暻園大学と韓国最大の「医療・生命・保健」に特化した大学である嘉泉医科大学が統合すれば、「韓国一〇大私学」になれる基礎が作られる。教育界も二つの大学の統合が互いの長所を生かして、短所を補うシナジー効果を発揮すると評価した。すなわち「医療・生命・保健」分野に秀でた嘉泉医科大学の研究力量と、「人文学・社会科学・工学・芸術」部門に強みを持つ暻園大学の力量を統合するとグローバルな名門大学に跳躍する機会に恵まれる。

今後、韓国社会は低出産のあおりで学生人口は減少し、二〇一八年以後には高校卒業者が大学入学定員より減ると予想されている。今も多くの大学が学生募集に困難をきたし、実際に新入生の充員率が落ちている。これを放置した場合、学生のいない講義室が出てくるかもしれない。これからは競争力のない大学は淘汰する危機に陥るだけだ。

すでに日本では、多くの大学が学生の数を満たせずに淘汰または危機に陥っている。日本では、韓国の専門大学に当たる二～三年制の短期大学が何十校も閉鎖を余儀なくされたという。そのために前から大学構造改革の必要性が強調されてきた。韓国でも数年前からこれに備えて自発的な構造改革(統廃合)を準備してきた。私も嘉泉医大と嘉泉吉大学の統合、暻園大学と暻園専門大学の統合、そして今回行った嘉泉医科大学と暻園大学の統合がそれだ。

きちんと未来を見据えて備えなければ、自滅するしかない。嘉泉大学への統合はこれから予告されている熾烈な生存競争で競争力を確保するための熾烈な準備を通じて完成した。また、統合を通じてグローバルな大学へ跳躍できる基盤が作られた。**統合を通じて二つの学校の弱みと強みを互いに補完、強化して堅実な競争力を持った名門嘉泉大学になる**と思う。

いろいろな困難を克服して嘉泉医科大学と暻園大学を統合して完成した嘉泉大学は、「第二の創学」によって、学生たちに私にできる最善の環境を作るためだった。他の目的や理由はなかった。

嘉泉という名称は韓国精神文化研究院の院長を務めた、故柳承国《ユスングク》博士が嘉泉吉財団傘下の医療財団と大学の発展のために献辞した「嘉会合礼　寿世仁泉」の精神を表している。この「嘉会合礼　寿世仁泉」とは「美しい心で正しい生を過ごし、涸れることのない命で世を健康にする」という意味で、この中から美しいという意味の「嘉」と「泉」から採ったものだ。そこには「美しい気運が湧く泉」という深い意味が含蓄されている。校内の構成員と外部の専門家の意見を受け入れ、医大を持つ嘉泉ブランド価値を維持し、未来志向的で発展的な意味を込めて、私は統合した大学の名称を「嘉泉」と命名した。二つの大学を単純に統合しただけでなく、グローバルな大学へ跳躍するために私のすべてを捧げるという誓いでもあった。**嘉泉の「美しい気運が湧く泉」に含まれている意味のように途絶えることのない確信と、美しい変化を通じてグローバルな名門へ跳躍させるのが目標だ。**私は嘉泉大学に私にできるすべてを注ぐつもりだ。そして、学生たちが経済的な負担から解放され、学業に専念できるように私財を拠出し、一〇〇億ウォン（約八億円）規模の奨学財団を設立することにした。そして、ハワイにある「嘉泉グローバルセンター」で毎年最長六か月間英語を学びながら外国の文化を体験し、いろいろな国の学生たちと交流できるように準備している。

第二寮の建設も本格的に推進している。二〇一三年開館を目標とする第二寮は、地下一階、地上六階、建築面積三三〇〇平方メートル。延べ面積一万七一六〇平方メートルに達する。現在の寮と連結して水平に増築する予定だ。第二寮が完工すると、地方の優秀な学生や外国の留学生を受け入れるのに大きく役に立つだろう。それだけでなく、学生と親の関心事である就職にも大きな効果があると思われる。嘉泉大学は就職の際に力を発揮する、しっかりしたブランド価値をまだ持っていない。そのためにも、学生たちは素質と実力を持っているのにかかわらず、仕事に就くのに困っている。だが統合後は、嘉泉ブランド価値が高まり、学生たちの実力が認められると、企業のほうから進んで嘉泉の卒業生を求める時代がくるはずだ。

私はいつも楽観的な気持ちでビジョンを持って生きてきた。はっきりしたビジョンがある時、人は活気を持つ。そして、そのビジョンは理想と現実、信念が調和した時に実現する。

韓国最大規模の地下キャンパスを備えた、ビジョンタワー

私の理想はグローバル時代にふさわしい「開かれた知性」を輩出することにあり、そのための環境作りが私の義務だ。

一九九八年、財団の経営難で新たな引き受け先を探していた暻園大学を引き受けた当時、私は教職員と学生たちに思う存分勉強できる環境を作ると約束した。財団の経営失敗によって学生たちが自己開発をすべき大事な時期を悶々と過していることが不憫《ふびん》でならなかった。あの時に交わした約束を今まで一度たりとも忘れたことがない。

今まで運動場のなかったキャンパスには大運動場を造成し、講義室の不足問題を解決するために大きな建物を二棟新たに建てた。先端医療の人材育成のためにバイオナノ学部を新設し、韓国最大規模の地下キャンパスであるビジョンタワーを完工し、「韓国一〇大私学」という大ビジョンの中期工程目標を掲げた。

総額一億ドル（約八〇億円）が投資されたビジョンタワーは地下四階、地上七階、総建築面積六万九四三一平方メートルにのぼる超大型建物だ。中庭のような「開かれた広場」にはいろいろな学内のイベントや学生たちの休憩用の空間を設け、地下鉄の駅に繋がった通路の天井には人工の空が広がり、学生たちに「希望」と「未来」を与えようと配慮した。地下鉄は盆唐《ブンダン》線の嘉泉大《カチョンデ》駅と繋がり、駅からすべての講義室まで五分以内に着くようにインフラを構築した。地下空間だけで四万四二一八平方メートルにものぼり、「韓国最大で最初」というありがたいあだ名までもらった。

ビジョンタワーには講義室の他にギャラリーとコンベンションセンター、外国語教育のためのグローバルゾーン、電子情報図書館などを備えている。建物の内外を華麗に彩る照明芸術もまたビジョンタワーの自慢だ。ビジョンタワーと地下の広場を構成する一連の照明ラインやライトベルトは、フランスが生んだ世界最高の照明芸術演出家、アレン・グィルロの作品だ。彼は知人と一緒に嘉泉大学を訪問した縁で、ビジョンタワーの景観照明の設計を考えてくれた。その美しい光の群を見て、私はいつも胸が熱くなるのを感じる。

私は私の夢とビジョンをもっと多くの人と分かち合いたい。自分一人だけでなく、**すべての企業が利益を社会的な使命感を実践するために使うのが公益経営**だと思う。利益創出と社会的使命感はもうすでに選択の問題ではない。この二つはバランスと調和をなして社会を導いていくべき力強い同伴者なのだ。出発はいつものように微々たるものだ。人に対する愛なしでは何もできない。公益経営はすなわち愛なのだ。

いつも始まりは微々たるもの

私たちが今もなお聖賢として崇めている孔子は、富に対して蓄積の過程がより大切だと言った。もとより、不当な方法で富を蓄積することには反対した。孔子は人本主義と正義の原則に従って富と名誉をともに追求すべきで、お金持ちは儲けたお金を公益のために使うという責任があると言っている。しかし、責任よりも先に必要なことがある。お金持ちがお金を儲けて責任と義務のために使うとしたら、それは言葉通りの責任と義務であってそれ以上の意味はない。同じく疎外された人、教育の機会に恵まれない人に対する愛がなければ、責任と義務はただ形式にすぎない。

振り返ると「運命」だったと思う。医師出身である私が教育者の道を歩むようになったのは一九八〇年代末、嘉泉吉財団の母体である吉病院ができてからだった。その頃、素晴らしい医師と看護師を育てたいという願いが心に芽生え始めていた。

病院の職員たちを教えながら蓄積した経験と外国留学の経験が、自然とそんな夢を持てるようにしたのかもしれない。一九七〇年代から医科大学を設立したいという強い思いは確かにあった。本物の医師を育成するのは結局、教育から始まるしかないからだ。だが、当時としてはただ一人で思っているだけで、いつも病院の仕事に追われ、大学の設立などは夢のまた夢だった。しかしながら、そんななかでも夢は心の中にいつもあり、けっして消えることはなかった。その願いを「朝鮮日報」のコラム、「一事一言」に書いたこともある。

そんななか一九九四年のある日、運命のようにその機会が訪れてきたのだ。仁川《インチョン》の専門大学である京仁《キョンイン》看護専門大学が不渡りの危機に置かれていると噂があったが、その時、教育界のある人が訪ねてきた。その頃私は、折悪しく多忙な毎日だった。一日に一食さえゆっくり食べられないほどだった。それで、病院関係者でない人と会うことはまずほとんどなかった。そんななか、彼に出会ったのはまさしく運命だった。だが、私の心の中にたぎる教育に対する情熱がなかったなら、彼に会えなかったかもしれない。

「院長、この仁川地域に専門大学がありますが、不渡りになりそうなんです。看護専門大学ですので、ぜひとも吉病院に引き取ってもらいたいのです」

単刀直入に、しかも切実に話すその申し入れを、私はふたつ返事で、その場で快く受け入れた。そのようにして京仁看護専門大学を引き取り、「嘉泉吉大学」と名前をつけた。だが、あの時は病院の仕事で忙しく、学生たちの面倒をみる余裕などなかった。ただ、教育に対する一念で提案を受け入れただけだった。

当時、韓国には二〇〇以上の専門大学（二年制の短期大学。韓国では当初は初級大学と称した）があった。引き受けた後に確認すると、韓国の二〇〇余りの専門大学の中で京仁看護専門大学は最低の評価だった。教育の必要性を感じて引き受けたが、あきれるしかなかった。それで私は、でき得る限りのいろいろな手を打った。その結果、一年も経たないうちに専門大学評価で一〇〇位内に入った。**教育事業は少しでも多く関心を持って、手助けして、愛を注げばそれなりに変わる**ことを初めて知った。

このことをきっかけに私は、学校経営を人生の一部分として受け入れるようになった。そして、四年後の一九九八年には一生の夢だった医科大学を設立した。そして、より多くの学生を教えられる総合大学にしようと思っていた頃、また新たな運命が訪れた。

嘉泉医大から初の新入生を受け入れた日のことだ。四年前に京仁看護専門大学の引き受けを提案した、例の教育界の人が私を訪ねてきて、おそるおそる言うのだった。

「城南《ソンナム》にある暻園大学を知っていますよね。今その学校が経営難に陥って新たな引き受け先を探しています。暻園学園の理事長が意向を尋ねたいと……一度お目にかかりたいと言っていますが……」

暻園学園が持っている暻園大学と暻園専門大学は伝統もあり、可能性も認められている大学と思っていた。運営もしっかりしていると聞いていたので、意外だった。後にわかったが、大学教育の問題ではなく財団（学校法人）の経営の問題だった。当時の暻園学園の理事長は、大学だけでなく、いろいろな企業経営にかかわっていたが、一九九六年頃から兆しがあった通貨危機によって流動性の危機を迎えて、大学の資を何百億ウォンも流用したようだった。結局、それが問題となってすぐに返さなければ法的処罰を受ける切迫した立場に立たされていた。問題は、系列会社については不渡りは免れたものの、流動性の危機に置かれていたのだった。

学生たちは公金横領と不正入学などいくつかの不正疑惑を掲げ、「経営陣の刷新」を叫んだ。それに日々のデモによって授業もきちんと行われていなかった。総合大学の引き受けについて関心はあったが、暻園大学に韓医学部があるということに魅力があった。大きな意欲を抱いて設立した嘉泉医大と連携すれば西洋医と漢方（韓国では韓医、韓方と言う。韓方の韓国語発音は漢方と全く同じで、ともにハンバン）を同時に発展させる機会となるかもしれないという思いが頭にこびりついた。だが、内部の事情を見ると貧弱な財団のせいで、教育を受けられない学生たちに対する切なさのほうが勝った。大人たちの過ちで大事な青年期を浪費している学生たちを思うと、心の底から言葉に表せない使命感が湧いてきた。私でなければ、この問題を整理できないという思いが暻園大学を引き受けさせたのだった。

私は一九七〇年代から韓方（韓医）と西洋医の間で「Win-Win」（両者の良好な関係）できる診療について考えていた。韓国では長年の間、韓方と西洋医は学問体系の違いで対立しているが、両方とも自己の専攻に対する過剰な自尊心からだった。だが両者とも患者のための自尊心であるから十分に協力できると思ってきた。そんな理由で私は暻園大学に大きな魅力を感じた。

曉園大学を引き受けた後、私は私の持つすべての熱情を注ぎ、首都圏の新興名門大学にするために努力した。海外で活動する世界的な教授を迎え、新校舎を建てて教育環境を一新した。このような私の改革努力をマスコミも肯定的に評価した。私の夢は、私が愛を注いだ学校を世界的な名門大学にすることだった。

私は公益経営や倫理経営などという言葉はよく知らない。ただ私は、**愛で経営するだけだ。**麻酔剤が打たれ、ぐったりしている体の大きな患者を抱き上げて部屋に寝かせる時の、そんな愛情のある愛の経営だ。

人気のキャンパス、フリーダム広場

ドイツの学生たちは、成績がびりでも幸せだと言う。これは教育環境がいいから可能なことだ。ドイツの大学はすべて国立で、自由に勉強に励める環境が整っており、大学教育に関しては世界の模範となる国だ。私も学生たちが成績ではびりでも大学生活だけは幸せにしてあげたかった。それなら、まずは学生たちが生活する環境から楽しませるべきだと思った。

ご承知のように、私は我が身一つだけの「お一人様」だ。内助すべき夫も、面倒をみるべき子供もいない。だが、私には面倒をみてあげるべき学生たちがたくさんいる。彼らが私の大事な分身なのだ。だから、その子供たちに最善の環境を作ってあげるのが私が果たす役目ではないのか。

嘉泉大学の中央図書館から運動場に向かう道のそばには切り立った山がある。切り立ったままでは断面が丸見えで見苦しい。子供たちにいいものを見せたい気持ちからここをどう管理すべきかをいつも悩んでいた。悩んだ末にバラを植えることにした。切り立った所の下にはレンギョウを植え、初春には黄色いレンギョウの花を咲かせたかった。レンギョウの花が散ると次は、バラが咲いて切り立った所を埋め尽くすと思ったからだ。一年目にはレンギョウの黄色い花が見事に咲いた。だがバラは綺麗に咲かなかった。根を下ろさなかったからだ。だがこれから、あそこがバラの山になって子供たちを楽しませると思うと気分が良くなる。

私は学生たちに最上のキャンパスを与えるために、韓国で美しいと言われているキャンパスをすべて、自分の目で見て回った。孟子の母が息子の教育のために引っ越しをした心遣いで、全国のキャンパスを回ったのだ。バラに対する考えはバラ公園で有名な、光州《クァンジュ》の朝鮮《チョソン》大学に行った時に得たアイディアだった。だが、アイディアだけでとどまっていたらただの構想にすぎない。子供たちに最上の環境を提供することは、ただ思いだけではけっして叶わない。いい所を訪ねてみて、方法を学び、果敢に行動に移すことで初めて可能なのだ。

江華島《カンファド》に嘉泉医大学を造成する時も私は設計士に、「世界で一番美しいキャンパスを作ってほしい」と何度も注文した。もちろん、私の子供たちに最上の環境で勉強できるようにさせてあげたかったからだ。故郷のような所、いつも見たい所、そして行きたくて仕方のないキャンパ

嘉泉大学江華キャンパス全景

スになることを願ったからだ。そうして江華《カンファ》キャンパスはついに、私の願い通りの見事な美しいキャンパスとなった。

年齢は数字にすぎず、学ぼうとする姿勢さえあれば、その願いは叶うというのが私の考えだ。どこに行ってもいつもそんなことを思う。「あの風景を、あんな環境を子供たちは喜ぶだろうか、嫌がるだろうか」と。私の判断基準はいつも「子供」にある。

これは学生たちに最高の環境を作ってあげたい母心から、愛から生まれた幸せな悩みだ。嘉泉大学のあちこちを走り回るシャトルバスのカブトムシバスも、そんな悩みから生まれた。大学に入学すると自由になった喜びを満喫するためにハイヒールにスカートをはいておしゃれをする女学生たちも多い。もち

嘉泉大学のキャンパスを巡るカブトムシ・エコカー

ろんジーンズに運動靴という軽装の学生もけっして少なくない。私はそんな学生たちが遠い講義室を移動したり、ビジョンタワーまで往来する不便をなくしてあげたかった。堅苦しく魅力のないバスをなくして、エコなカブトムシバスを導入したのもそんな気持ちからだった。もちろん学生たちの目を楽しませた。

カブトムシ・エコカーはゴルフ場のカートの一〇倍ほどの大きさで、三〇人ほどが乗れる。今では、首都圏の大学入試時期には名物となっているほどだ。私はこのカブトムシバスをキャンパスに導入するためにソウル郊外の龍仁《ヨンイン》エバーランドやソウルランドのようにテーマパークを巡り、観光客を運ぶバスを注意深く観察した。目標はただ一つ、学生たちが大学にいる間、楽しませるためだ。

カブトムシ・エコカーがキャンパスに導入

するまでは紆余曲折が多かった。テーマパークを巡った後、あのような車が作れる企業を探した。だが、韓国にはそのような車が作れる会社はなかった。現代自動車にも問い合わせたが、作れないという返答だった。いろいろなところに問い合わせた結果、中国のある会社と繋がった。数回の交渉の末、中国製のものが嘉泉大学のキャンパスを走るようになった。このようにして、テーマパークから借用したかと思わせるような素敵なバスが生まれた。バスは現在一五分間隔でキャンパス中を走り回っており、夏や冬には天気を考慮して増便する計画だ。

私は学生のためには投資を惜しまないが、しかし無駄使いには気を遣う。バス停を作るのに思ったより金がかかると知り、細かい調査を指示した。机の前に座ってペンで決済するだけでなく、足で稼いで目で見て、節約できることは節約するように指示した。私はただお金を節約しろというのではなく、学生たちのお金を節約しろということだ。ただ座って、机上のペンだけで決済するのはけっして許されない。私のこのような悩みと行動は学生のためだ。

私は公益と結婚した

一六世紀の英国の黄金期を導いたのはエリザベス一世だ。彼女は祖国のために人生の幸せや恋まで捨てた。その結果、世界で陽の落ちることのない大英帝国を建てたし、今の米国にまで植民地を作った。彼女は二五歳の若さで王座に登り、四五年間英国を統治し、英国の歴史はもちろん、世界の歴史を変えた。英国と国民にだけ仕えるために、女としての幸せをあきらめ、一生を独身で質素に暮らした。

エリザベス女王の統治哲学は単純だった。「英国に得か、損か」が判断基準だった。政略的な目的の多くのプロポーズを断り、「私は英国と結婚した」と言うほど英国のことだけを考えた。

私も俗に世に言う「お一人様」だ。私にも運命的な出会いがあった。米国留学の時にある事業家と結婚する寸前まで行ったが、結婚が私の運命ではないと判断して断った。そのことの他に一度も恋愛したことはないが、その後、結婚して生きる女の幸せを捨てた。その代わりに私に与えられた人生を病院と学校教育に捧げた。

「私は病院、そして学校と結婚した」と言うのはけっして過言ではない。今までの私の人生がそうだったし、これからもそうであるからだ。私にとって病院の職員や患者、そして学生たちに得か損かが唯一の判断基準だ。この哲学のおかげで私は、毎年の卒業式の時に多くのプレゼントをもらっている。卒業生たちが私に駆け寄って抱きしめる熱いプレゼントであり、そして患者たちからは何度も涙の感謝の言葉である。

人は私のことを公益経営の標本と言う。だが、**私はただ深く愛しただけで、それ以上のことはない。私の人生は公益のための人生というよりも愛のための人生だ。**結果的には公益のための人生となったが、私と接する人が患者であれ、学生であれ、私は愛せずにはいられない。独りで苦

学軍士官と喜びを分かつ

労して勉強する学生を見ていると胸が痛み、恐れている患者は抱いてあげないと心が和まない。私の胸に抱かれた学生と患者の心臓の鼓動と息遣いを聞いた時、私は安堵と喜びを感じる。

鉄を削る旋盤技術者は〇・〇一ミリの誤差も許されない。これがただの精密度のための努力なのか。彼の行為には人間に対する愛情が注がれている。詩人や小説家も同じことだ。彼らがなぜ眠るのを惜しんで言葉を探すのに苦労し、一行の完璧な表現を求めて悩んでいるのか。人間に対する愛情のゆえだ。私の医師としての人生も、教育家としての人生も、その根源に人に対する愛情がなければ、成功もありえないと信じている。

嘉泉大学の学軍士官（ROTC。大学に通いながら、兵役義務を務めあげる制度）出身一二〇人が城南の陸軍学生軍事学校で訓練を終えて任官式に臨む時は、私は必ず陸軍学生軍事学校に向かう。その日はどうしたものか、私も知らないうちに心が私を導くのだ。学生たちと面会して学校に戻る時、息子を軍隊に送る母の心境であることに気づく。そして、訓練を終えた学軍士官らを毎年家に呼び、夕食をともにしている。その時も私の心は休暇を得て帰ってきた子供に美味しいものを食べさせる母の心境だ。彼らが帰った後、改めて彼らが私の人生の希望であり、生きがいであることを実感する。

エリザベス女王も戦地に出る兵士たちを抱き、子供のように涙を流したろう。すべてを英国に奉げ、英国のことだけを心配した彼女だからこそ、彼女は自分の人生を惜しまなかった。英国と英国国民を愛しただけだ。私も患者や病院関係者や嘉泉大学の学生をひたすら愛するだけだ。

ラスベガスまで学びに行く

世界的な流通企業、ウォルマートの前会長サム・ウォルトンが韓国を訪問した時のことだ。韓国のあるスポーツ用品会社を訪ね、米国に輸入する商品の相談をした。会社に入った瞬間、彼は韓国の労働者が朝の早い時間に運動場でサッカーをすることで親睦をはかっているのを見た。彼はその光景に深く感動した。その後、米国に戻った彼は、韓国の取り引き先で目撃したような体育イベントを立ち上げたそうだ。何でも会社に役に立つと思ったら、小さなことでも見逃さないのがウォルトンの経営原則だった。

私もいつも職員たちに良いところ、良い点を学ぶように要求している。吉病院を運営する時も学べるものがあれば、特に最新のシステムを導入したり、新たにインテリアをしたい所があれば実際に行って見てくることを指示した。職員たちに指示するだけでなく、私も現場に行った。嘉泉大学のビジョンタワーを建てる時も、頭の中の構想を現実化できる実際の現場を探し求めた。設計図や構造的な専門部分については知らなくても、実際自分の目で見たほうがより確実で具体的な指示ができるし、それが学生たちのためになると知ったからだ。私の知っている範囲は病院の入院室ほどの広さと廊下ほどの広さで、それ以上のことは知らない。

どうであれ、ビジョンタワーを建てる時に図面を見ると、地下鉄からキャンパスまでの距離が一八メートルだが、何の興味も与えてくれないただの一八メートルにすぎなかった。だが、私は学生たちに喜ばれる大学、見渡しのいいキャンパス、行きたくなる大学を作ってあげたかった。狭くてつまらない道は要らなかった。嘉泉大学の江華キャンパスを作る当時、世界で一番美しいキャンパスを作ってくれるように注文したのもそうした気持ちからだった。

ビジョンタワーからキャンパスに続く道のことで会議が開かれた。私の構想と意志を先に伝えた。

「ぱぁーと開かれた胸のすくような広い空間、学生たちが大学に通いたくなるような空間にしてください。そのためにはここを広場のように広げてください」

予想通りに反対が多かった。空間を広くするには構造上、いろいろな問題が発生するという。担当者からは難しいという答えが返ってきた。しかし私は、確かに工法的に難しいが、やればできると思えた。今まで誰もトライしたことがないからというのは理由にならないと、釘を刺した。

「ここと似た構造を持った所はないんですか」

「韓国にはありません」

「それなら、どこにありますか」

「空間を広くするなら、東京の汐留が似ていると思います」

「じゃ、そこへ行ってみましょう」

「いつですか」

「明日にでもすぐに行きましょう」

翌日、私は担当者を連れて日本に飛んだ。日本の新たな文化空間として知られている汐留に一八メートルを解決する格好な答えがあった。汐留の場所はここと似た道の構造をしており、その長さはここの二倍に近い三四メートルもあった。その場ですぐに答えが見つかった。そのように汐留から学んで今の地下広場が誕生したのだ。可能な限りに広げる、これが万事私のやり方だ。

嘉泉大学のメディカルキャンパスの場合、正門から本館校舎までの登る道を曲げるように、

嘉泉大学とビジョンタワーを繋ぐ地下広場

少し迂回して造らなければならなかった。私はその道をできるだけ短く造るように注文した。少しでも学生たちを楽にさせたかったからだ。いろいろな難しさはあったが、結局かなり短期間で造ることができ、学生たちはより楽に早く講義室に行けるようになった。汐留見学はたったの一日で、韓国に帰ってきた。思うとすぐに実行に移し、実際に見て確信するとけっして引かない。だが、このすべては子供たちに少しでも良い環境を与えようとする親心からだ。

だが、一つ気に入らない点があった。キャンパスに登る道にある地下だ。

「ここはどうするんですか」

「普通の天井にします」

その時、ふと浮かんだのがラスベガスだった。私は会議をするために集まった幹部たちに聞いた。

「ラスベガスに行ったことのある人はいますか」

誰もが行ったことはあるように思っていたが、返事がなかった。私が何を思っているのか知らないから当然だった。

「ラスベガスはホテルの天井も野外のようにデザインされています。ここをそのようにデザインしてください」

そして数日後、夜中の便で幹部らと一緒にラスベガスに飛んだ。ラスベガスに到着してすぐ、私は一行を頭に描いている現場に連れて行った。私が幹部らに見せたかったのは、ショッピングモールで観光客を集めるためのイベント広場だった。観光客が多いと三〇分に一度、少ないと一時間に一度開かれていた。

イベントは特別だった。決まった時間になると空が暗くなって、雷が鳴り響く。そして、空から滝のような雨が降り注ぐ。一分ほどのイベントが行われて、雨がやむと空がぱぁーと広がり、周りも明るくなる。ラスベガスを訪れる多くの観光客が必ず訪れるイベント会場であった。私はそのイベントを真似た天井をビジョンタワーの地下広場に造りたかった。幹部らは何度もイベントを体験して、一泊してから翌日の夜、飛行機で韓国にトンボ帰りした。ラスベガスで一泊し、機内で二泊するという一泊三日の強行軍のスケジュールで休む時間もなかった。あまりの忙しさで幹部らには申し訳なかったが、韓国最高のビジョンタワーを一日でも早く造りたかったからだ。

ビジョンタワーは国内で唯一ドームの天井を持った空間だ。私にどうしてそんなに情熱的なのかと聞く人がいた。そのたびに私の子供たちのための情熱としか説明できなかった。子供への母の愛で、人間に対する愛情が私をそうさせている。

カブトムシバスも、正門と本館校舎を最短の道を造ったのも、また江華島に世界で一番美しいキャンパスを建てたのも、そしてビジョンタワーの地下広場をいろいろな想像ができるように飾ったのも、すべては学生たちへの私の愛の表現だ。

教育のためならば

中国宋の太祖、趙匡胤は本を読むのが好きだったそうだ。戦場に出る時も、他の将軍とは違って車にいっぱいの本を積んで向かった。若い時に後周の将軍として戦場に出た時のことだ。その時も二台の車に本を積んで行ったが、ある臣下が後周の皇帝に趙匡胤が車に載せているのは横領した宝物だと嘘を言ったのだ。その言葉を聞いた皇帝はすぐ臣下に車の中を調べさせた。だが、手車から出てきたのは本だけだった。皇帝がその理由を聞くと趙匡胤はこう答えた。

「私には陛下に捧げる良い計略がないので、本を読んで見聞を広め、知恵を身につけるしかありません。そこで手車に本を載せていました」

唐の滅亡後、五代十国の混乱期を終えて皇帝となった彼は、中国の聖君の中の聖君として知られている。彼は皇帝になった後も臣下らに読書を勧めた。後に、文に偏り国力が弱まる結果となったが、彼は中国歴史上、読書、すなわち教育を一番大事にした皇帝として今もなお記憶されている。

教育は俗に「千年の大計」と言われる。それほど遠い未来を見据えるべきだという意味だ。趙匡胤が名君と称賛されるのはやはり学問と教育を大事にしたからだ。彼は教育のために文官と知識人を優遇し、官僚たちにはいつも勉強するように励ました。そこで、中国では今も彼を名君と称賛している。

私は四年前にハワイに行ったことがある。人びとは私が世界のあちこちに行ってみたと思うようだが、そんな時間もなかったし、機会もなかった。仕事で忙しかったので、韓国の有名な観光地すら行った所はそれほど多くない。そんななか、知人の一人が、私を入れて身近な人たちと一緒に旅行する機会を作ってくれ、ハワイ旅行に行くことになった。私と一緒に行った人たちはその分野で長く働いてきた方々だった。私とよく似て、人生を楽しむ経験がほとんどなかった。私もそうだが、彼らにも気楽に行く人生の初めての旅行だった。そのような方々と一緒にハワイに着いた瞬間、私はその地の天候と風景の虜《とりこ》となった。言葉では表現できないほど美しい光景にすっかり惚れてしまった。

そして翌年の休み、私はその美しい光景が忘れられず再びハワイを訪れた。一人で考えを整理し、学校の未来に対する構想もしながら毎晩ワイキキの海岸を歩いたものだ。

散歩をしていたある夜、小さな公園で四〇人ほどの若い学生たちが歌いながら遊んでいる光景を見た。遠くから見ると東洋人のようだったが、日本の学生ではなさそうだった。どこの国の学生なのか気になって近寄ると中国の学生たちだった。その時、電光石火のように浮かんだ。「うちの学生たちもあのようにできるといいな。いやできないことはない。やればできる」。その時からまた想像をたくましくした。「どうすれば、うちの学生たちもハワイであのように自由に英語を学んで余裕を楽しむようになれるのか」

悩んだ末に結論を出した。「ハワイにグローバル・キャンパスを作ることしかない」と。

それからグローバル・センターを建てるために建物と土地を物色した。不動産屋を訪ね、学生たちが研修を受けるのに適した場所と建物を探した。問題はやはり費用だった。最低一〇〇〇万ドル（八億円ほど）以上の費用が必要だった。毎日のようにハワイ中を回った。しかし明日は、韓国に戻らなければならないスケジュールだった。そこにいい建物があるという電話が突然入った。同行した人たちは疲れ果て一緒に行けそうもなかった。結局、一人で向かった。

不動産斡旋業者が案内したのは古いホテルだった。入っていくとニュージーランドの学生たちが水泳を楽しみながらパーティをしていた。ホテルが古くて営業が難しくなり、部屋を賃貸していた。それを見た瞬間、「ああ、ここだ」と思った。値段も思ったよりも安かった。古い建物なので配管もすっかり錆びつき、水漏れがし、電気も切れることがよくあった。そのせいで、時価の半分の値で売り出されていた。私はその場で法的な問題さえ解決されればすぐにで

ハワイに設立された嘉泉大学グローバル研修センター

も買い取りたいと言った。

韓国に戻ってすぐに、大学の主要幹部たちに「グローバル研修センター」について話した。だが、誰も冷たい反応だった。とてももどかしかった。しかし他の方法はなかった。例のいつものやり方で、現場を目で確認させるしかなかった。私は主要幹部をハワイに送り出した。彼らは戻ると誰も口をそろえて「良い」と答えるのだった。

ところでなぜ、ハワイなのかと聞く人もいた。そう質問されるたびに私もいろいろ悩んだ。悩んだ末に出した結論は、やはり**学生を優先すべき**ということだった。**学生の立場に立つと答えが見えた**のだった。ニューヨークのように人の多い所に行くと、英会話に慣れていない学生たちは弱気になりがちだ。海外研修に行くほどなら韓国ではそれなりに頭のいいと言われていた学生たちだ。それなのに海外に行くと言葉の問題で弱気になる。短期の海外研修に行って、学生たちが弱気になって帰ってくるべきか。一〇年ほどいるならわかるが、一～二か月間、長くても六か月間なので少しでも力をつけて楽しく、見聞を広めて戻ってくるべきではないか。これがハワイにグローバル研修センターを設立することに決めた一番大きな理由だ。

ハワイは米国の一州だが、東洋的な雰囲気が漂っている。それで学生たちは気楽な雰囲気で勉強できる。英語がそれほどできなくても簡単に適応できると思った。さらに一年間滞在しても生活費がそれほどかからない。下着一枚だけでも生活できる暖かい地で、空気も良くて食費も安い。

その中でも一番気に入ったのはハワイの治安だった。米国最高の観光地の一つであるので外国人に対する保護と配慮が手厚く、私服の警察があちこちに配備されていて、どこも安全だ。もう一つ、自動車免許試験を受けるためにハワイの交通法を勉強する過程で知ったのだが、すべてが歩行者中心となっている。いくら広い道路でも、歩行者がいれば必ず車を止めなければならない歩行者中心の法規だ。グローバル研修センターから五分の距離に世界的に有名なワイキキ海岸があるのも大きな魅力だった。

嘉泉大学のグローバル研修センターは、今では嘉泉大学の海外への橋頭堡となった。まず、学生たちから志願を受理し、試験的に運営して、年間最低五〇〇人ほどの学生が最大六か月間とどまって英語勉強と海外の文化を体験する。毎年数百人をハワイに送る。一部の学生は姉妹提携を結んでいるハワイ州立大学で単位を取ることもできる。

私はこれまで学生たちの英語能力を画期的に向上させるために努力した。そして、私の努力は着実に実を結んでいる。嘉泉大学の在学生が海外の舞台で、韓国政府の公式イベントの英語通訳官として活動し始めている。これは、江華キャンパスで英語集中訓練を受けた結果だと思う。最近では放送通信委員会の常任委員である、金忠植《キムチュンシク》新聞放送学科教授が韓国政府を代表し、テレビコンテンツの販売交渉のためにアラブ首長国連邦を訪問したことがある。そこで驚いたことに、ドバイの最高級ホテルで行われたイベントの通訳として、嘉泉大学の経済学科生の全慶敏《チョンギョンミン》君がやっていたのだ。全君は韓国観光公社の六か月間のインターン課程に選ばれて研修を受けていたが、イベントの進行側の要請で通訳を自ら買って出たのだ。金教授は見事な発音と正確な表現、そしてスラリとした容姿の全君を見て、嘉泉大学のことが誇らしかったそうだ。さらに嘉泉大学の一員として力づけられたと付け加えた。

英語卒業認証制度は、全慶敏君のような人材を育てるために導入したものだ。嘉泉大学は今より高い英語競争力を持つために、何ものも惜しまずに支援をするつもりだ。それとともに日本や中国など世界各国の優秀な大学とも交流協定を結び、学生をグローバルな人材として育成したい。遠くないうちに嘉泉大学の学生たちが世界を舞台にして活躍する姿が見られるはずだ。

実際、このようなシステム作りには口では言い表せないほど苦労した。韓国には海外にグローバル研修センターやキャンパスを持っている大学が皆無なので見習うことができなかった。世界の他の大学にもないシステムだった。世界の各国から学生が集まる場所、私はそこで学生たちがグローバルな人材に生まれ変わることを望んでいる。

嘉泉大学のグローバルセンターはこのように始まった。海外で大学生が研修を受けられる研修院兼キャンパスを持った大学は、韓国はもちろん世界でもあまり例がないだろう。だが、宋の太祖、趙匡胤が読書に没頭し、知識人を歓迎し、教育に熱意を見せたように、私も私個人の安寧よりも、学生たちがもっと良質の研修を受けられるようになることに没頭している。

いつも質素に

中国の春秋戦国時代の哲学者、老子には三つの宝があったそうだ。一つは人を愛する慈愛、二つ目は質素、三つ目は人の前に立たない謙遜だった。

二六〇〇年前に活躍した老子の言葉は今もなお通じる点が多い。終わりのない大小の戦争が続いた二六〇〇年前、多くの君主や権勢家は慈愛と謙遜を捨てて武力を育てることにばかり力を注いだ。そこに、老子は三つの宝を語り、人びとがその中の一つである質素と倹約を生活の信条にすることを願った。質素と倹約を捨てると残るのは贅沢と口先だけだからだ。

倹故能広！

質素で倹約すると余裕が生じ、豊かになると人に施せるという言葉を残した老子のこの三つの宝は、特に教育に携わる人にとって肝に銘じるべきだ。嘉泉大学のビジョンタワーを建設する時も外国の有名な建築家を使おうという論議があった。だがそうすると、設計だけでも一年以上がかかり、変更するのも面倒で、さらに外国を行き来して打ち合わせをすると思うと、これはないと思った。そこで韓国の五つの設計事務所を選択し、彼らの実績を精査して最終決定を下した。そのようにしてビジョンタワーの設計はB建築会社に任せた。

その後、彼らが設計したというパリ国立図書館に案内された。顧客に自分らの成果を見せる段取りでもある。パリに行って見学すると、地下四階がまるで地上のような雰囲気がするように設計されていた。

素晴らしかった。何よりも天井から降りるカーテンが印象的だった。国立図書館としての偉容が十分に表現されていた。だが私は、二時間を予定していた見学を一五分で打ち切った。素晴らしく見えたが、私の描いていた形ではまるでなかったからだ。私の大学にはこのような高級な雰囲気は似合わないと思ったからだ。猫に小判だ。結局、B建築がビジョンタワーの設計をしたが、私はキャンパスに似合う設計を強く求めた。華麗なのもそれなりに大事だが、それよりずっと重要なのは学生たちのためになるものだと思ったからだ。大学のことでラスベガスや日本に行く時も私費でまかなった。小銭一円でも公金である学校のお金を節約すべきだと思ったからだ。もう一つ、質素で倹約する生活が基本となるべきだというのが私の哲学であった。

二〇一〇年、韓国の大学は韓国政府の査察を受けた。一〇年以上も査察を受けていない大学、そして建築物をたくさん建てた大学が対象だった。その中にわが校も含まれていた。査察が入ることがわかると、大学はおおわらわになった。だが、査察に来た査察員たちはびっくりしたのだった。

「こんなにしっかりした大学がありますか。会計がこんなにきちんとしている大学は初めてです」

査察対象の中で会計がきちんとしていたのはわが校だけだった。

ソウル市内を歩いていると偶然に知り合いの人と出くわすことがたまにある。久しぶりに会う知人は私を高級レストランに案内しようとするが、そのたびに私は遠慮する。私は高い料理が好きでないし、浪費するのが嫌いだからだ。質素に生きるために時には周りの人から愚痴も言われるが、それは私の生き方なのだから仕方がないと思っている。

老子の三つ目の宝は、今のように経済的に困った時代には、一番必要な徳目だ。特に指導者の立場にいる人なら、よりそうすべきだと思う。

無から有へ

私の周りにはいろいろな人がいる。東国《トングク》大学の総長を八年間務めた大学行政の達人、宋錫球《ソンソック》嘉泉医科大学総長（大統領直属の長官級社会統合委員長）、世界的な脳映像学者と認められている趙《チョ》長煕《ジャンヒ》博士、長寿科学の権威者である朴相哲《バクサンチョル》、李吉女がん・糖尿研究院院長らが嘉泉吉財団の主要メンバーである。韓国監査院長を務めた韓勝憲《ハンスンホン》、全潤哲《チョンユンチョル》らは嘉泉大学の碩座《ソクチャ》教授（企業などからの基金をもとに研究活動ができるように招いた教授。一般に正規の講座は持たない。日本の客員教授に類似）陣に名を連ねている。韓勝憲院長の場合、碩座教授であるのにもかかわらず、法学部の授業を正教授のように積極的に務めているし、また高昌舜《コチャンスン》、金勇一《キムヨンイル》、李成洛《イソンナク》嘉泉医科大学名誉総長らは愛情を持って吉病院の運営に深くかかわっている。

私の周りの人の多くはすでに七〇代の年齢に達している。六〇代は若いほうに属する。私は「もうじき、人間の平均寿命は一〇〇歳を迎える状況で、七〇代は過去の五〇代と同じ」と言っている。精神的にも身体的にも旺盛に活動のできる年だ。年をとっているという理由で現職から追い出されるのを私は受け入れない。年齢はマイナスではなく、経験に裏打ちされた能力だと思うからだ。

二〇〇九年、私は延世大学医大を定年退職した李武相《イムサン》教授を嘉泉医科大学の碩座教授として迎えた。彼は医学部・薬学部の教育プログラムの韓国最高の専門家で、政府が二〇一一年度に一五の薬学部を新たに認可された時に、李武相教授の役割が大きかった。仁川地域に割り当てられた薬学部の権利を嘉泉医科大学と延世大学が取得する際に親身になって手伝ってくれた。今まで脳科学研究所とがん・糖尿研究院などを通じて基礎科学分野に多くの投資をした結果でもあるが、李武相教授が立案した薬学部誘致戦略が的中したからだ。

二〇一〇年末、韓国政府は長い間許可していなかった薬学部の新設を認め、薬学部の定員を三九〇人増やすと発表した。李武相碩座教授は政府の構想を知り、薬学部誘致戦略を立てた。嘉泉医科大学は医学部と韓方学部を持っているので、必ず誘致すべきプロジェクトだった。病院と傘下の研究所にさらに薬学部を加えると、専門分野研究の相乗作用が期待できる絶好の機会だった。薬学部を誘致すると大学はいろいろな効果が見込めるという期待感もあった。

今もそうだが、これからはバイオ産業がより脚光を浴びるはずだ。医薬産業を始め、保健医療分野はバイオ産業の全体の七〇パーセントを占めるほど大事だ。そして、その中心に薬学部がある。特に薬学部には優秀な人材が集まる。就業率も一〇〇パーセント近い。新薬開発に関連した研究費の受注量は高く、大学財政を豊かにすることにも大きく役立つはずだ。大学としても教授陣の論文が多く提出されるから、名門大学として認められるためには必ず必要な学部である。こんな状況の中で、教授数が競争相手の大学の四分の一にしか及ばないことと、今まで発表した論文の数が少ない点は致命的だった。医学部のあることが唯一の長所だった。教科部（教育科学技術省）の評価基準で後れていたのだった。私はそうした弱点を相殺できる攻撃的な計画書を準備するように実務チームに指示を下した。その結果、薬学部を新設後、七年間で総額九五二億ウォン（八〇億円ほど）にのぼる投資計画、薬学研究所の設置、破格的な研究補助金と奨学金支援で人材確保の戦略、生活支援金計画などを含めたプランが出来上がった。そして、さらにもう一つの力強い自発的な後援者がいた。それは白翎島《ペンニョンド》と嘉泉吉財団、それに江華島を含めた仁川地域民二二二五人の請願書だった。「仁川地域に薬学部が新設されるなら李吉女先生の嘉泉医科大が誘致するのがふさわしい」という内容だった。請願書に署名した人たちはこう言った。

「今まで吉病院が西海《ソヘ》（黄海）舞衣島《ムイド》住民のために毎年無料診療奉仕活動をしてくれたし、多くの人の命を助けたことを思うと、私たちも何か手助けしないといけません」

韓国最初の保証金のない病院、五〇年間子宮がん初期検診無料実施、楊平《ヤンピョン》—鉄原《チョロン》—白翎島と連なる医療脆弱地域への病院設立とその運営、無医村医療奉仕などを思うと、仁川に薬学部が新設されるべきだというなら、私以外は想像もつかないと言うのだった。このようにして仁川地域の住民たちの熱烈な支持と声援を受け、嘉泉医科大学と延世大学が薬学部誘致に成功した。周囲の予想を破り、六〇年の歴史を持った地域ライバル校を退かせたのだ。相手は韓国一〇位内の大規模総合大学だった。そんな大学が嘉泉医科大学に薬学部の認可を奪われたのだから韓国中がびっくりした。

当初仁川では四つの大学が薬学部新設の許可を申し込んだ。その中で、延世大学は仁川地域に基盤のない大学ということで一部に反発があったが、薬学部設立のために長い間準備してきた実績があり、また薬学部増設に主導的な役割をしてきたことで知られていた。

薬学部誘致チームが組まれた。嘉泉医科大学は最終評価まで残り、決定まで三か月余りだった。誘致チームの壁には大きな紙が貼られ、薬学部誘致のために何をどうすべきか、何が問題なのかをすべて書くようにした。そして問題が一つずつ解決されるたびに消していった。チームは土曜、日曜もなく、薬学部誘致に全力を尽くした。時間が過ぎるとともに問題は一つ一つ解決されていった。私はプレゼンテーションの資料を準備し、審査委員たちが最適な環境で審議できるように飲料水用のグラスなど細かい部分まで気を遣った。

そして二〇一〇年二月二六日、ついに成し遂げた。嘉泉医科大学の薬学部誘致が決定されたのだった。国内最高水準の嘉泉医大吉病院の施設と李吉女がん・糖尿研究院の研究環境などが高く評価され、決定に寄与したと思う。さらに嘉泉吉財団全員の団結力が審査委員らに良い印象を与えたはずだ。そしてもう一つ、白翎島と江華島を含む仁川市民の請願書も大きく寄与した。仁川市民たちの心は私に一〇〇万の援軍のように思えた。

薬学部を誘致できたことを多くの人は「運が良かった」と言う。だが私は、**けっして運ではなく努力したからこそ可能だったし、また果敢な投資計画と緻密な計画、そして配慮の気配りが勝利した**と言いたい。

無から有を創るために私にできるすべてを尽くした。それをやって誘致に成功しなかったら、後悔はないからだ。

かつて、ベンジャミン・フランクリンはこう言っている。

「あなたは他人のためにやっている時こそ、あなたにも一番いいことをしている」と。私はこの言葉の中に、言い得て妙な人生の大切な真理があると思った。

夢には終止符がない

危機こそ好機だ

人生において、誰もが一度は危機に直面するだろう。その意味で、危機は人生の一部だ。大事なことは、その危機をどのように克服するのかによって、人生の方向が変わるのだ。一人の人生も同じことだ。危機に直面した時に、その人の真価がわかるというものだ。危機に挫折し、あきらめればそれで終わりだが、それに立ち向かい、上手に乗り越えた人はひと味違う人間に生まれ変わる。試行錯誤を成長の肥やしにする人には、危機はむしろ好機《チャンス》となるのだ。

一九八七年、今の嘉泉医大吉病院を建てている最中のことだった。韓国で八位の名の知られた建設会社を選んだにもかかわらず問題が発生した。施工会社が急に不渡りとなり、結局、事前工事費用として支払った一二億ウォン（当時のレートで、六億円以上）を失ったあげく、やっとの思いで他の業者を選んだ。だが今度は、建設会社のほうが建物を建てる前に、建設費用を改めて見積もると言い出した。そのうえ、衛生冷暖房工事業者の選定問題でマフィアが病院に乱入するというありえない事態まで起きた。思わぬことが続出し、仁川一帯では「吉病院が不渡りになった」という噂が広まった。さらに「李吉女が死んだ」という尾ひれがついた。工期が遅れに遅れ、一時的ではあったが、大学に危機が忍び寄った。あげくに職員のボーナス資金まで足りなくなり、看護大学の敷地として買っていた土地を安値で売却することまでした。

暻園大学を引き取った後も危機の連続だった。私は二一八億ウォン（当時のレートで五〇億円以上）を支払い、六〇億ウォンの負債まで受け取る条件で暻園学園を引き取った。そしてすぐに、理事らを交代させ、教育部（当時は教育省）に承認を要請するなど学園刷新作業に入った。だが、実際に引き取ってみると潜在していた問題が一つや二つではなかった。その中でも最も深刻だったのは経営陣と学生たちの間の不信だった。かつての経営陣に失望した学生たちは、新たな経営陣も信じようとしなかった。大学職員で作る労働組合は、経営陣交代と人的刷新過程である程度必然的と思われる新たな人事を問題にして強く反対するのだった。

私は心血を注いで立てたマスタープランを提示し、暻園大学の新たなビジョンを説明して、彼らを根気よく説得した。だが一〇年にも及ぶ財団の不正による大学運営のいい加減さを身をもって経験した学生諸君の心は容易には開かなかった。大学側がいかなる計画を発表し、いかなる未来像を提示してもなかなか信じようとしなかった。それでも時が経つにつれて学内紛料は少しずつ小康状態に入ったが、小さな問題でも起きれば、いつでも再燃する可能性があった。このような状態が続くと「韓国一〇大私学」建設という私の夢どころか、大学の存続さえ困難なように見えた。

学生諸君とじかに対話をすべきだと決心した。心を割って話せば学生たちも、私の真意がわかるはずだと信じた。

「暻園大学を国内一〇大私学にさせるために私にできるすべてをするつもりです。そのための投資計画もすでに立ててあります。だが、皆さんが反対したらすべての計画は水の泡です。皆さんと私が心を一つにしないといくら投資しても穴からただ漏れるだけです。私たちが一つにならなければ成功しません。私の愛校心を、ソウルのどの名門大学よりも自慢できる大学を作りたいという私の真心を信じてください」

その場で私は、学園民主化闘争で除籍された学生たちを復学させると約束した。彼らに奨学金まで出すと約束したのはけっして懐柔策からではなかった。個人の利益ではなく、共同体の利益のために青春を犠牲にした学生諸君を補償するのは正しいと思ったからだ。これに加えて、講義室と運動場、寄宿舎など不足している施設を最優先に補修、新築すると約束した。

真心が通じたのか、それ以後デモは起きることはなかった。そして私も、約束通りに暻園大学の発展のために惜しまず投資をした。運動場のなかった大学に大運動場を設け、講義室不足を解決するために、二〇〇一年にはセロム館、二〇〇三年には国際語学園など大型施設を新しく建

嘉泉大学キャンパスのバイオナノ研究所

てた。二〇〇八年には国内初のバイオナノ学部を新設し、ノーベル物理学賞受賞者、アイヴァー・ジアバー博士を始め、二一人の研究者を招待する成果もあげた。そして二〇〇九年には米国のベル研究所と共同研究協約を結び、嘉泉エネルギー研究センターを開設し、スマートグリッド構築の先導的な推進基盤を敷いた。それだけではない。

嘉泉大学キャンパスには、一九九七年度のノーベル物理学賞受賞者であり、オバマ政権のエネルギー長官を務めたスティーブン・チュウ博士が名誉院長を務める先端バイオナノ研究所が新しく設立された。

暻園大学総長に就任してから毎日のように大小の危機が訪れた。それに人は誰も「馬鹿なことをやってるわい」と言われることを私は自ら楽しんでいる人生ではなかったのか。一方で私は、「疲れた」という思いを捨てようと努力した。危機に直面した時こそ、それを突破することに集中しなければならない。疲れたと言って愚痴ったり、誰のせいでこんなことになったのかと言って、腹を立てても何の解決にも、何の役にも立たない。

危機の時に最も肝に銘じておくべきは、絶対にあきらめてはいけないということだ。解決できない危機なんてない。危機は私の生活の中から生まれてくる。だから、その解決策も私は探せると思っている。もう本当に解決法がないと思われたら、その状況を積極的に受け入れよう。できる限りの努力をしたにもかかわらず、どうにもならないのならそれを認め、その中から教訓を探すべきだ。過ぎた過ちにあまり拘泥し、後悔して自責の念を持っても過去にはけっして戻れない。

冒険と挑戦に慣れた人は危機もまた楽しむことができる。困難に陥った時にこそ、むしろ意志が固くなり、熱い勝負欲で胸が躍る人もいる。「かかって来い。立ち向かってやる」という信念に転換することで、素晴らしい明日が開かれるのではないか。

嘉泉吉財団の象徴は風車だ。幼い頃、私はよく風車を持って遊んだ。風車をキビの茎に刺して片手に持って丘に駆け登ると、風車はひゅうひゅうと力強く回った。息がつまり疲れていても、もっと早く回る風車を見るたびに、力いっぱい走ろうとする元気が湧き出したものだ。**風車は向かい風に当たるとよけいよく回る。向かい風が強ければ強いほど速く、より楽しく回**

る。危機を前により強くなり、挑戦する気分が高ぶる私のようにだ。

最高を目指す

何かを新しく作るよりも、すでにあるものを思う方向へ向かわせることのほうがもっと難しい。特に色に染まってしまった慣習や文化、そして惰性を変えるのはより難しい。

暻園大を引き受けた後、私の一番の悩みは「一〇年間の学内紛糾で満身創痍となったこの大学をどう変えるべきか」だった。建物を建て、運動場を造るのはお金と意志があれば可能だ。問題は学園内の文化（風土）と意識改革である。すなわち「ソフトウェアをどう変化させるべきか」という悩みの前では無力だった。その中でも一番難しいのが教授会の問題だった。教授会は伝統的に変化や革新を受け入れるのに保守的だ。どの集団よりも独立性が強く、排他的なうえに、おかしな自尊心に基づくプライドが強固だからだ。その中心にあるのが学閥、そして年功序列中心の推薦や任用制度と言えるだろう。

変化に弾力的に適応できない組織は競争力がない。ことにグローバルな競争力は生存には必須条件だ。グローバルな優秀人材を育てられないなら大学の存在理由はなく、存在できない。その競争力を担保しなければならない主体がまさしく教授の役目だ。それ故に、変化に鈍感で変化を受け入れられないのなら、彼らが育てる学生たちはもちろん、彼らが勤めている大学にも未来はない。

私は血を吐く心境で訴えた。

「教授の皆さん、うちの学生たちが暻園大出身である理由で、職場の隅で隠れるようにして立ち回り、自分の出身大学がばれるのを恐れて行動しているという噂を聞いたらどう思いますか。自分の子だと思ったらとても社会に出せないでしょう。そうですね。きちんと教えて競争力を持たせて送り出すべきです。罪を犯すような大学になってはいけません。ここが辛抱のしどころです。ともに頑張りましょう」

私は教授たちと一人ひとり直接会って講義やカリキュラム、福祉など大学に関連して彼らが感じたことすべての問題点を聞いた。さらに、彼らの建議をメモし、それが当たっているなら積極的に反映すると約束した。経営陣が至急解決すべき問題が続々と出た。私は教授会と経営陣の間で常に対話できる窓口を作る一方、大学発展という共同の目標のために全面的な投資と支援を約束した。その代わりに教授会には研究力向上を強く要請した。

そして二〇〇七年、私は暻園大教授会を相手に破格の提案をした。

「今、この瞬間から『サイエンス』や『ネイチャー』『セル』など世界の三大科学誌に特別論文を載せた研究者には、最高五億ウォン（当時のレートで四〇〇〇万円ほど）の褒賞金を与えます。一般論文として採用されても一億二〇〇〇万ウォン（当時のレートで一〇〇〇万円ほど）の褒賞金を与え、さらにそれらの研究者には特別昇進を約束します。論文だけでなく、研究者が出版した本を国内重要大学五か所以上で教材として採用されたら、一億ウォン（当時のレートで八〇〇万円ほど）の奨励金とともに昇進評価にも反映します」

韓国の大学が教授の研究奨励のために競争を目的にし、褒賞金制度を設けてからもうずいぶん経つ。だが当時、私が提示した褒賞金額は世界でも最高水準だった。この時まで韓国での最高額は慶北大の一億ウォンだったし、延世大学や高麗大学は二〇〇〇万ウォンにすぎなかった。

教授の研究能力向上のために私が選択したもう一つの方法は、教授の常時採用で、優秀な人材ならいつでも教授に採用する開放された制度だ。以前までは特定時期に採用公募を出した後、各学科別に志望者を審査して教授を選ぶのが通例だった。問題はその過程でいわゆる「学閥人脈ライン」というのが形成されたからだった。研究成果や教授としての資質など能力とは関係のないネットワークが介入する余地ができることだ。常時採用制度はそのような副作用を基本的に防止するために、大学本部でいつでも志願を受け付け、必要な時はいつも教授を採用する制度だ。誰もが必要性と趣旨を納得していたとは思うが、当時は韓国のどの大学も実施していなかった。

私が期待したのは「肯定変化」の戦略だった。私は改革的なマインドと実力、そして情熱を兼ね備えた教授が大学に一〇〇人だけいれば既存の旧態依然な風土を変えることができると考えた。研究に没頭している教授が五〇人から一〇〇人規模になれば、彼らが醸し出す学究熱で古い流れを変えることができると信じた。「改革」や「革新」という概念が否定的な要素を除去するのに焦点が合わされているなら、私としては肯定的な要素を強化するのに力を注ぐべきだと思った。短所を除去することばかりに没頭していたら「下降平準化」に陥りやすいからだ。だが、長所を一層強化して浮上させれば全体的に「上昇平準化」を成し遂げられる。既存の否定的な側面をそのままにしても、長所を強化すれば、対立よりは刺激が、副作用よりは優れた循環が可能だと知っていたので、果敢に実行した。

肯定変化戦略は「G2+N3」にも含まれている。嘉泉大学は、毎年新入生が四〇〇〇人にのぼる「マンモス級大学」だ。入学生数を基準にしても首都圏で三番目に規模が大きい。「G2+N3」とは、私が名づけた「選択と集中」の戦略だ。嘉泉大学が「国内一〇大私学」になるためには、当然ながらすべての学部の順位が韓国一〇位圏内に入らなければならない。そのためには牽引的な役割を果たすリーディング学部が必要だ。「G2+N3」戦略はグローバルな競争力を備えた二つの学部、韓国内最高の競争力を備えた三つの学部を集中的に養成するという意味だ。この五つの学部が国内最高水準、世界最高水準に跳躍すれば、引き続き残りの学部も最高水準に到達するはずだ。

「パレートの法則」は人間社会の諸般の領域で、上位二〇パーセントが全体成果の八〇パーセントを占めるという意味だ。そのような意味で「二対八の法則」とも呼ばれる。だが、私はもう少し攻撃的に「一対九の原則」、すなわち上位一〇パーセントが全体成果の九〇パーセントを導くと思っている。毎年学生六〇人を選抜し、江華キャンパスで英語集中教育を受けさせるのもこの一〇パーセント戦略の一環だ。英語をある程度自由に駆使できる学生たちがキャンパスに戻り、全体の学生たちの英語水準を向上させたり、少なくとも「英語学習のブーム」を醸成できるという判断だ。

何年か前からは中国にも目を向け、毎年一〇〇人ずつ一年分の奨学金を与えて、中国へ研修に送っている。その子たちは一年間の留学生活を終えて帰ってくると、世界で最も巨大なマーケットである中国に対する情報を他の学生たちに伝えて共有し、その無限の可能性に対する関心を喚起させる役割を果たしている。

私は一匹の蟻が城郭を倒すことができると信じている。逆にその一匹が、城郭が崩れるのを防ぐこともできると信じる。その「一匹の蟻」は肯定の力で育てることができる。

一つになってこそ生き残れる

広々と広がる仁川の松島《ソンド》国際都市は現在進行形だ。ここでも私の新たな夢が実ろうとしている。新薬開発とバイオ産業のメーカーになるバイオ研究団地が一つ二つ形を作り上げている。

「BRC」(Bio-Research complex)は、嘉泉吉財団が仁川の松島国際都市に大規模バイオ研

松島国際都市に設立されるバイオ研究団地の完成予想図

究団地を造成するために設立した会社だ。二〇万四〇〇〇平方メートルの敷地に建設されるバイオ研究団地には、国内外の屈指のバイオ業者と製薬会社、そして研究所が入居する予定だ。入居が完了すれば、これらの研究所は嘉泉医大吉病院と李吉女がん・糖尿研究院、嘉泉脳科学研究所、そして嘉泉バイオナノ研究院と共同研究を進行する。今はたとえ海を埋めて造ったただの荒涼な原野にすぎないが、間もなく巨大な新薬開発研究団地に変貌するはずだ。私がこの事業で成し遂げようとするのは、医療と教育、研究を一つにした巨大な医療クラスターの開発だ。薬学部まで誘致したので、その夢により一歩近づいたと思う。

すでに嘉泉大学は新入生の人員規模で首都圏三位圏に入っている。さらに、医学部と韓方学部、薬学部、バイオナノ学部などを連係して新薬開発と新素材開発の世界的な水準の研究能力を備えるようになるだろう。脳科学研究所とがん・糖尿研究院では世界最先端の研究が進行中だ。このような研究成果がＢＲＣを通じて国際研究機関と結合すれば、医療クラスターの夢も初めて目に見える実を結ぶはずだ。この研究所でがんと糖尿病を征服できる新薬が開発されるのも、また人間の老化を防止する「二一世紀の不老長寿薬草」が誕生するのもけっして夢ではないだろう。

私の夢の道のりには終止符はない。誰かに休んでいいと言われるたびに、私は向かい風という刺激を受けた風車のようにむしろ前に進む。私の夢は韓国の未来、さらに人類の未来に繋がっている。それ故に私は、私に残った数年、数十年の余生、さらに一〇〇年、二〇〇年後の韓国の未来のために今日も前に進んでいる。

韓国の昔の格言に「徳を積んで施せば、後代に恩恵を受ける」というのがある。この格言は、施しを行う時は見返りを望むなという意味だけでなく、良いことをすればいつかはきっとその恩恵に報われるという意味も含んでいる。だが私の考えは異なる。施す瞬間、何倍もの補償とやりがいが得られると思う。喜びと楽しみ、そしてやりがいは何ものにも代え難い最高の価値であり、贈り物だからだ。

一日二五時間走れ！

私は仕事を楽しむ

発明王のエジソンは晩年になっても一日一六時間仕事をし、四時間ほどしか眠りを取らなかったという。彼は人間があまりにも多くの時間を睡眠で浪費していると言っている。集中する時は一日中二〇時間も研究に没頭することもあったと言う。「天才とは一パーセントのひらめきと九九パーセントの汗」という彼の言葉は、広く知られている。エジソンは生まれつきの仕事中毒者、すなわちワーカホリックだったかもしれない。

私もワーカホリックだとよく言われる。もう少し正確に言うと、仕事中毒というよりも、仕事を楽しんで生きてきただけだ。目を開けている間、私の前に仕事がなかったことはない。だが、私はいくら不可能に見えることでも、また仕事がいくら多くてもあらかじめ筋道をとらえ、目標を細かく分けて一つずつ解決する。ある者はこのような私を「一日を四八時間生きている人」と言ったり、そんなに多くのことを一人で片づける秘法があったら教えてほしいと言う。

秘法は確かにある。一日に四時間しか眠らなければ成し遂げられないことはない。だからといって「四時間」という具体的な数値に意味があるわけではない。一日四時間だけ眠るという覚悟で飛びかかれば、できないことがないという意味だ。仕事が過重だと不平を言ったり、新たな目標を前にして恐れる人たちに私はいつも同じ話をしてあげる。

大学に通っていた時は勉強のため、医者になってからは患者を診るため、財団の仕事をするようになってからは大学の業務を解決し調整するために、いつも忙しかった。そんな私が、時間を作る最高の方法は睡眠時間を減らすことだった。最近もいつも机の上に山積みにされているいろいろな書類を検討して決裁する一方、いろいろなイベントに参加するために、体が一〇個あっても足りないほどだ。絶え間なく仕事を楽しむ私は、そんな中でも財団が進むべき方向についていつも悩み、新たな未来を構想するのにエネルギーを注いでいる。だが健康を考えて、一日の睡眠時間を六時間に増やしたのもここ何年か前のことだ。その前までは一日に四時間寝るのも贅沢だと考えていた。

若い頃、ヘッドフィールドという心理学者が書いた論文を読んだことがある。彼は人の思い込みが体にも影響を及ぼすという仮定をもとに、人間を二つのグループに分け、精神的な暗示が筋力に及ぼす影響を実験した。実験に入る前に彼は、二つのグループを対象に手で物を握る時の力の大きさ、すなわち握力を検査した。彼らは平均四五キロの物を持ち上げた。

彼は最初のグループを対象に催眠状態で「あなたは非常に弱気だ。この物を持ち上げるのがあまりにもきつい」という暗示を繰り返した。その後に再び握力を計った。彼らが持ち上げた重さはやっとの一三キロにすぎなかった。参加者の中には格闘技大会の優勝者も含まれていた。それと違って二番目のグループには「あなたは力がとても強い。何でも持ち上げられる」という催眠をかけた。そして最初のグループと同じように再び握力を計った。結果は驚くべきだった。なんと平均六四キロにもなったのだ。

思い込みが人の体と行動に非常に大きな影響を及ぼすことを証明する事例は、この他にも多くある。体育生理学者であるアーサー・スタインハウスもこれと似た実験を通じて、精神的な暗示が人間の筋力を最大三〇パーセントも増加させるという結果を発表している。思い込みが能力を支配できることを証明した事例だ。

バンクーバー冬季オリンピックで、完璧な実力で金メダルを首に掛けて世界を制覇した金妍児《キムヨナ》は一日に三〇〇回ずつ回転練習をするという。一度に基本三回転だから、一日に九〇〇回にもなる。一年間に三〇〇日を練習するとして、最小三〇万回で、フィギュアスケーティングを始めてから今まで回転した数を全部合わせると三〇〇万回となる。

金妍児が若い年齢で世界を制覇できたのは、やりたいこと、食べたいものをあきらめて冷たいリンクの上で三〇〇万回も跳ね上がって、数えきれないほどしりもちをつきながら努力した結果である。だが、人びとは妍児に注がれるスポットライトを羨むだけで、その華麗さの後ろに隠された努力と犠牲的精神は見ようとしない傾向がある。

人が他の人と区別される特別な境地に到達するためには、最小限一万時間以上を努力しなければならない。いわゆる「一万時間の法則」がそれだ。作曲家、野球選手、小説家、スケート選手、ピアニスト、チェス棋士などその分野で歴史上の名前を残した人びとは、一定水準以上にただならぬ努力をしたのだ。その特別な努力時間が約一万時間以上というのを統計的に明らかにしたのは、神経科学者ダニエル・リービーティン博士だ。**「一万時間」はおよそ一日三時間、一週間に二〇時間ずつ、一〇年間続けて努力をしなければならない**ということを意味する。「一〇年間は一つの分野で努力してこそ一家を成し遂げる」ということにもなる。ここに一つを追加するなら、私の努力と哲学は私のための道ではなく、私たちの家族、私たちの社会、国家、世界、さらに人類のための道であったということだ。

真心で勝負しなさい

古い昔、中国の太行山と王屋山の間の狭い地に愚公という九〇歳の老人が住んでいた。ところが愚公が住んでいる家の前後四方七〇〇里（二八〇キロ）には、高さが数千メートルにものぼる二つの大きい山が遮っていた。それで、近隣の村との往来も難しく、人びとに会うのも大変だった。一日中山を見つめていた愚公は、ある日家族を集めてこう話した。

「あの二つの山を削って、礼州と漢水の南側までまっすぐな道を造りたいが、皆の考えはどうじゃ」

家族は賛成したが、ただ一人彼の妻は反対した。

「老いたあなたの力で、どうやってあの大きな山を削ると言うんですか。掘り出した土はどこに捨てるつもりですか」

「渤海に捨てるつもりだ」

決心した翌日の朝から愚公は三人の息子と孫を連れて、石を割り、土を掘って、渤海まで運び始めた。一度行って戻るのに一年もかかるほど遠い距離だったが、愚公はやめることはなかった。そのような彼を見て、智叟というある学者は言った。

「間もなく死ぬはずの老人がボケましたなぁ」

その言葉に愚公は平気で応じた。

「私が死ねば息子がやり、息子が死ねば孫がやり、そしてその孫の息子がまた、子を産んで山を移し、その息子の息子はまた、息子を……。このように子々孫々、営々と続ければいつかはあの二つの山は平たくなる日がくるでしょう」

この話を聞いて驚いたのは黄河のほとりに住んでいた智叟ではなく、二つの山を守る山神と蛇神であった。山がなくなれば大変だと考えた山に住む神々は結局、天上の玉皇上帝を訪ね、自分たちの心情を訴えた。しかし、玉皇上帝は愚公の根気に感動し、神と二人の息子に命じて、太行山は翔東の地に、王屋山は雍南の地に移させた。そのおかげで山があった冀州と漢水の南側には小さい丘さえないと言う。

この話は『列子』「湯問篇」に出てくる話だ。忍耐と真心でもって勝負すれば、山も移せるという意味の「愚公山を移す」はこれに由来する。そう、絶えず努力すれば必ず成し遂げられる。つまり、努めて已《や》まざれば大事も必ず成功する、というわけだ。

私は「李吉女産婦人科」時代からいつの日か自分の手で医療教育機関を設け、正しい教育を受けた医療人材を養成したいと考えていた。けっして漠然とした抱負ではなく、医科大学が無理ならば看護大学から挑戦するのもいいだろうと真剣に悩んだが、かなり具体的だった。看護大学を通じて輩出される人材が産婦人科のない田舎に入って、助産師の役割でもできるならば、少なくとも産婦が子供を産んでいる最中に死ぬ悲劇はこれ以上ないはずだという期待があったからだ。特に、日本での留学から戻った後、医療スタッフの養成の夢はより一層切実になった。もちろんそれを現実化するのは容易ではなかった。

私が初めて教育事業の志を実現できるようになったのは一九九四年、経営難に陥った京仁《キョンイン》看護専門大学と信明《シンミョン》女子高を引き受けてからだった。信明学園の買収を決めた大きい理由の一つも看護学科のためだった。一九三九年に設立された由緒ある看護学校、信明学園が京仁看護専門大学の前身だった。信明学園を買収した私は、経営難に陥った学校を急いで正常化させ、看護師を養成することに力を注いだ。そして一九九六年、首都圏に医科大学を設立できるという政府の発表があった。韓国政府は四〇年間縛ってきた医大（医学部）の定員を解除し、医大の新設を許可すると発表したのだ。今後ますます増える医療需要に応じるための政策的な決定だったが、私の五〇年来の夢だった医大設立に挑戦する絶好の機会がやってきたのだ。だが、あの時までは漠然としていた。私の周辺には大学設立に経験のある専門家がいなかったからだ。だが、挑戦することにした。一世一代の夢を実現できる機会がやっと訪れたからには、どうにかしてとらえるべきではないか、と思った。

急いで江華島の吉祥山《キルサン》の裾の船頭里《ソンドウ》に教育部（教育省）が提示した医大設立基準に適合する九〇九一平方メートル余りのキャンパス敷地を買い取った。あえて江華島を選んだのにはそれ相当の理由がある。政府は、大学増員が人口集中要因なので、首都圏でも人口の少ない成長管理圏域（江華島、抱川《ポチョン》など）にだけ医大を許可するというスタンスだった。これに合わせるためだった。そして一九九七年三月から新築工事が始まった。その年一一月、教育部の実態調査が予定されているだけに、昼夜を問わず土地を掘って、建物を建てても時間が足りなかった。キャンパスを準備するのはそうだし、医大設立のためには準備しなければならない書類も多く、面倒だった。一日に二、三時間しか寝ずに、一人であちこちを走り回る日々の連続だった。

ところが設立許可を準備している最中、青天の霹靂《へきれき》のような知らせが届いた。教育部の実態調査が八月に前倒しになったというのだ。他の申請者ら、すなわち私の競争相手はすべて既存の建物をキャンパスにするだけに、十分に対処できる。だが、土地を買ってその土地に校舎を立てなければならなかった私には、不利なことこのうえないお役所的な一方的処置だった。当局を訪ねていくらお願いしても、抗議しても、予定通りに実態調査は八月に行われるという返事だけが返ってきた。結論は、予想の通りだった。進捗率が低いという理由で、実態調査団は私たちに減点を与えたのだ。

審査の最後段階である面接で私たちは結局「待機」という通知を受けた。一緒に申請した他の三つの大学はすべて認可された。私はその場で机を蹴飛ばして立ち上がり、担当者に詰め寄った。

「私はどこの誰よりも立派な医大を作る自信があります。この瞬間にもその準備がきちんと進行しています。予定通りに実態調査が一一月に実施されるなら、国の最高の建築家に設計を任せた国内で最も美しいキャンパスをお見せすることができます。私たちに医大を運営する能力がないとみなした理由を一つでも言ってみてください。納得できる理由がなければ、ここから一歩も引き下がりません」

どこからそんな勇気が出てきたのか、今考えてみても不思議だ。一生を捧げて夢見てきたことであったし、その時までやってきたどれよりも大切なことが、官僚的な不当な処置で突然に無為に終わるのが、あまりにもくやしかったのだ。なんとか抗議が受け入れられたのか、天が感動したのかは確かではないが、私にもう一度の機会が許された。審査委員団は一一月に再び実態調査をすることになったのだ。そして一九九七年一二月、夢だった嘉泉医科大の設立許可が下りた。

生きていたらこのような体験を何度もする。目の前にジャングルがあり、そこを必ず通り過ぎなければいけないのに……。そのような状況で、何日も寝る時間も惜しみながら没頭するとある日の明け方に、かすかに道が開かれる奇跡のようなことが起きる時がある。「尽人事待天命」という言葉のように人がすべきことをし尽くした後に、天の意思を待たなければならない。天の心を動かすのは人の真心ではないか。真心で努力して、心から望んでこそ天の意思を受けることができるのではないだろうか。それこそが、「感天」の真の意味ではないだろうか。

牛歩千里

高校生の時にもそうだったたし、ソウル大医学部生の時、そして留学を準備する時もそうだったし、また米国でインターン生活をしていた時もやるべき課題はいつも多かった。何冊もの本と覚えねばならない資料を一か所に積み上げて、ただぼんやり眺めていると虚脱感に襲われる。「いつになったら全部終わらせられるんだろうか」という気持ちにとらわれ、無力感が襲う。机に向かって本を開いても、残った量が目の前にちらついて集中できない。

そのたびに私は私なりの方法を使ったものだった。せねばならない課題と残った時間を計算し、一日に勉強できる量をあらかじめ決めておくのだ。一〇〇〇ページの本を読んで覚えなければならないのに、試験までの残り時間が二週間なら、一日に読まねばならない分量は七五ページ程度となる。すべてのことがそうだ。集めると大部だが、分けると大したことではないのだ。

保険広告がこの心理をしばしば利用する。

「一日八〇〇ウォン（六〇円ほど）で不意の事故に備えてください」

一日八〇〇ウォンなら一年に二九万二〇〇〇ウォン（二万二〇〇〇円ほど）だ。「一年、三〇万ウォンで不意の事故に備えてください」と宣伝したら、おいそれと保険に加入する人はあまりいないだろう。だが、「一日に八〇〇ウォン」と言えば、自販機のコーヒー一杯を減らし、危険に備えようという考えをするようになるものだ。すべては心の持ち方によって変わるのである。

目標が手に負えなさそうだったら、それを細かく分けてみるのである。一度にできる量に分けるのである。実際にこれは、ビジネス現場でよく活用される経営技法でもある。一定の戦略的な目標をプロジェクト形態で推進する時、各段階別のプロセスを明示して管理することで、業務効率を上げることが核心だ。また一つ重要なチップを与えるとするなら、進行段階ごとに「里程標（milestone）」を設けておくことだ。難しい目標であればあるほど時間もかかり、途中であきらめがちだ。だが、途中にいくつかの里程標を設けておけば、最終目標に到達する前でも途中途中で達成感を感じ、また意欲を充電できる。また中間目標に到達するたびに小さなイベントを用意して祝うのも良い方法だ。今時の若者たちがよく口にする言葉のように「自分にご褒美を与える」ことだ。

小学生の時から女子高生の時まで、私の夢は白いガウンを着る医者になることだった。高校時代にはソウル大学医学部への進学が私の至上目標であった。ソウル大医学部に入学した後は韓国最高の産婦人科医者になるといったふうに、夢は一層具体的になった。それで、他の人からするともうそれなりに年を取っているのにそれまで築き上げた病院を捨て、米国留学をした。韓国に帰ってきて、私は一念発起して、仁川で最も大きな総合病院を設立した。そして今は、韓国一〇位圏の総合病院の最高責任者であり、総合大学と先端研究所を保有した総合大学の運営者でもある。

「李吉女産婦人科」がなかったなら、「吉病院」もなかったし、「吉病院」がなかったなら、「嘉泉大学」もなかっただろう。**私は人生の各段階で最高になる夢を見て、それを実現させるためにひたすら努力した。夢の大きさは人それぞれのはずだが、一歩一歩、一段一段ずつ上らなければならないという点では誰も同じことだ。ただし、誰にも与えられた一時間と一日という時間のレンガをどのように積んでいくかによって、自分の作る人生という家の形が決まる。**

セールスマンから始まって有名な広告会社の創業者となったグレッグ・S・リードはこんなことを言っている。

「皆さんの夢は何ですか。その夢を一度描いてみてください。一年後、二年後、一〇年後、具体的な日付と具体的な実現方法、具体的な姿まで。夢を時間とともに書き込めば、それは目標となり、目標を細かく分ければそれは計画になって、その計画を実行に移せば夢は実現されます」

幼い時に小心者で、友人もあまりいなかったというオバマ米国大統領は青少年期という疾風怒涛の時期を過ごしながら、自身の夢に向かった旅程を一歩ずつ歩んできたという。高等学校を卒業してロサンジェルスのオキシデンタルカレッジに入学したが、その後すぐにコロンビア大学に編入し、その後にはさらにハーバード大ロースクールに進学した。ハーバード大ロースクールに在学中、学内法律誌である「ハーバード・ロー・レヴュー」の編集長の任に就いた。同誌の一〇四年の歴史のうえで、初の黒人編集長という肩書のために、米国のマスコミから注目を浴びた。ロースクールを修了した後、貧しい人びとの力になるという長い間の夢を実現するために、シカゴで貧民救済運動に従事しながら人権弁護士として活動した。そしてシカゴ大学ロースクール教授を経て、イリノイ州上院議員、連邦上院議員の経歴を積み、ついに「世界の政府」というホワイトハウスに入城した。

四〇代の若さにもかかわらず、オバマの人生は大統領に達するまでの各段階を一歩一歩経てきたように思える。望んだ大学に入り、市民運動家となり、貧しい人びとのために活動し、弁護士になったのだ。そしてついに、政界に転じて、ホワイトハウスの主人になるまで彼は各段階で最善を尽くした。そのおかげで各段階で人びとに認められ、信望を得たのだ。そして、結局、神話的な目標を達成するに至る。

韓国には「牛歩千里」という言葉がある。牛歩の歩みで千里を行くという意味だ。はっきりした目標を持って馬鹿正直に前に向かって一歩ずつ歩めば、いつの日にか夢は現実となるはずだ。

最先端を目指せ

最高に向かって

嘉泉吉財団の「家族」（職員、勤務者）は現在五〇〇〇人余に達する。だが五三年前、初めて病院を開いた時は、せいぜい看護師二人しかいない小さな所帯だった。振り返るちょっとの暇もなく、ただ前だけ見て駆けてきただけなのに、考えてみると長い歳月の変化を感じる。

嘉泉吉財団の核心は言うまでもなく病院だ。英国のある作家は「私の知っているすべては幼稚園で習った」と言ったことがある。私にとってはその幼稚園は病院だと言える。一九五八年初めて病院を開いた時から、私は医師として患者に接する方法、人生を生きていく方法、持続可能な経営技法などをすべて病院で実地に学んだ。

三二歳に実現した米国留学の道から帰った年の一九六八年、私は再び仁川に病院を開いた。

1958年に初めて開院した、李吉女産婦人科

帰国する前から少しずつ準備してきただけに、周辺の敷地を買い取って病院を建てることは一瀉千里に進行した。地下一階、地上九階規模の建物工事が終わる頃に現場所長から問われた。

「病院の名前は何にされますか」

「李吉女産婦人科にします」

現場所長は目を丸くした。

「えッ！　院長の名前をつけるんですか。それは大丈夫でしょうか」

医師の名前を前面に出した病院はまだ珍しい時期だった。名前を入れても「郭《クァク》外科」、「金《キム》眼科」のようにせいぜい名字だけをつけることはあっても、名前まで全部を入れることはなかった。だが、私は新しく建てる病院には必ず私の姓と名前を入れると早くから決心していた。堂々と自分の姓名を掲げ、韓国に本当に病院らしい病院のモデルを作ってやるという抱負を抱いて韓国に帰ってきたからだ。

李吉女産婦人科は、三六のベッドを備えた九階の建物として完成された。一階には診療室と控室、二階には手術室、三階から八階までは入院室、そして最上階には母と私の住まいを設《しつら》え、そのそばには職員食堂を用意した。仁川の病院としては初めてエレベーターを設置し、当時最も大きい病院だった道立病院にもなかった最先端装備を次から次へと取り入れた。当時仁川でエレベーターのある建物は、オリンパスホテルと李吉女産婦人科だけだった。病院職員がエレベーターに一度乗ってみようと集まった子供たちを整理しなければならないほど、エレベーター自体が珍しかった時代だった。インキュベーターと輸卵管検査機はもちろん、当時としては国内に四台しかなかった胎児の心臓拍動測定超音波機も備えた。超音波機を通じて胎児の心臓の音を聞いた妊婦本人はもちろん、家族皆が驚きを隠さなかった。廊下で順番を待っていた他の患者まで拍手をし、歓声を上げた。一九七三年には腹腔鏡手術機を導入し、韓国の個人病院で初めて腹腔鏡手術ができるようになった。

先端施設も重要だが、それよりも重要なのは実力と誠意だ。私は実力と誠意の面でも自信があった。米国で留学しながら、寝る時間を惜しんで習ってきたのが、まさに患者に対する徹底したサービス精神と先端医療技法だった。当時は今のように難治病が多く知られていなかったので、適切な時期に確実な治療を受ければ簡単に治るような病気が多かった。患者がそれほど病院に来なかった分、病院で抗生剤を投与するだけで、多くの病気が治る時代だった。

患者は「米国から留学までして帰ってきた産婦人科女医師」と、先を争って宣伝してくれた。エレベーターと各種先端装備が病院の信頼向上に大きい役割をしたことも確かだ。だが、李吉女産婦人科が他の病院と区別される点は、「徹底したサービス精神」だったと自負している。今でもそうだが、当時の医者の権威は今以上に高かった時代だった。

産婦人科は患者であふれていた。真冬にも出入口の外にまで長蛇の列を作り、出入口を閉めることができなかった。入院室がないといっても患者が入り込んできて、九階にある私の部屋を占領してしまうことも日常茶飯事だった。休日もなかったし、患者が待つ時間を少しでも減らすために診療室と入院室、手術室の間を休むことなく飛び回った。病院の自慢であるエレベーターを気軽に待つ時間さえなかったのだ。

当時も韓国から米国に留学に行く医者たちは多かった。だがしかし、留学した者は韓国に戻らないことがほとんどだった。韓国で医者をしても、ある程度楽な人生が保障されているが、米国で医師を続ければ、韓国よりも数十倍は豊かな未来が保証されるからだ。それは医者に限らず、アメリカンドリームを追って不法滞在を犯してでも米国で暮らしてみたいという人が多い時代だった。そのような時代に、米国留学までして、帰国した女医師がいるということで、特別な宣伝、広告をしなくても病院はいつも盛況だった。さほど経ずして、李吉女産婦人科は仁川で最も有名な産婦人科となった。

米国留学を通じて私は、韓国では全く思いもしなかった先端診断装備と手術道具、手術法などをいろいろ学ぶことができた。新しいものを知ってしまうと、もう過去の古いシステムに戻るわけにはいかなかった。米国では患者たちが当然享受している医療の恩恵を、私の患者を始めとして韓国社会も享受できるようにしたいという気持ちが切実だった。米国の技術と装備も驚きだったが、診療システムと患者に接する医療スタッフの態度はさらに驚きだった。内科インターンで勤めていた時に出会ったある米国人の患者は、自分のかかっている病の原因菌が何か、自分が治療のために打たれている注射薬の容量と効果はどれぐらいか、予想される副作用は何なのかなどを正確に認知していた。医師が患者に詳細を説明してあげなければ不可能なことだ。それこそ、患者には知る権利があるのだ。

韓国の大型病院は、今日さえ質の低い医療と医療スタッフの認識不足などが複合的にからまって、「三時間待機、五分診療」という非難を免れていない。ところで、今日でも韓国では難しいことが米国ではすでに一九五〇年からシステムとして定着していた。米国の病院では患者は厳然たる顧客であり、私たちがよく知っているように顧客は神様だった。医療スタッフは患者に親切に接し、顧客の満足が最優先だった。当時の米国はほとんどの面で韓国より三〇～四〇年ほど勝っていた。そのような状況で李吉女産婦人科はさまざまなそんなシステムを次々に実践したのだった。

今考えてみれば笑いの出るようなエピソードにすぎないが、李吉女産婦人科の象徴はエレベーターであり、仁川九月洞《クウォルドン》にある嘉泉医大中央吉病院の象徴はカードリーダーだった。エレベーターに乗ってみたくて駆け込む子供たちを管理しなければならなかったように、吉病院にカードリーダーが設置されると、多くの人が目的なく集まり、感嘆の声を上げて見物したものだ。カードリーダーは、受付と診療に必要な書類手続きを自動化した医療電算システムの端末装置であった。先端デジタル病院を構想する時から私はDOS（Doctor's Ordering System）を構築することにした。現在のものとは形がかなり違うが、診療カードシステムとしては韓国初だった。病院はもちろん一般企業でも「電算システム」という用語そのものに慣れていない頃だった。

その時代に患者は病院に来るたびに、受付で紙の受付証を作成しなければならなかった。医療保険患者、一般患者などに分けられた受付証を作成して提出すれば、職員がそれをいちいち患者診療記録と照会して再び診療科に送った。わずらわしく、時間もかかったし、データ入力に使う時間の消耗と費用も半端ではなかった。だが、中央吉病院に新しく導入された電算システムではマグネチックカルテ一つでこのすべての過程が解決された。カードをリーダーに入れると自動で診療科と診療時間が決まり、患者の記録は患者が診療室に向かう間にエア・シューターを通じて診療科に伝わる画期的なシステムだった。問題はこのような電算システムを開発し、運営した経験者が韓国にはただの一人もいないという点だった。四億ウォン（当時のレートで二億五〇〇〇万円ほど）を使って冷蔵庫ほどある「MV-一〇〇〇〇」コンピュータを購入したのが一九八四年のことだ。だが、その高い買い物をしても、扱える人がいないので冷蔵庫よりも使い道のないただの箱になってしまった。誰もしなかったことを初めて挑戦するには、それ相当の費用と危険を覚悟しなければならないということをあの時に痛感した。私は医師、薬剤師、看護師、栄養士、物理治療師、放射線師、経理、院務課職員をまんべんなく一人、二人ずつ選抜し、一五人で構成された電算室を設けた。そしてその職員を全員海外に送り、電算の基礎から学ばせた。そのようにしてDOSシステムが作られ、病院で実際に活用されるまで三年という時間が必要だった。

システムが稼動すると、病院は完全に新しい空間となった。患者はもちろん医療スタッフまでもが、小さいカード一つで今まで複雑だったことが楽に処理されることに驚いた。患者の待機時間は大幅に減ったし、患者の病歴と治療の全過程が電算で記録され、診療水準は何段階も上昇した。国内屈指の病院だとして、企業からも私の病院の電算システムを学ぶために訪ねてくるようになった。

私はいつも最上の装備で最高の診療をするために努力してきた。そうでない場合は、最初から始めないことにしている。いったんやろうと決心したら最高にならなければならないといつも考えてきた。「感動」は想像を超越したもので、全く期待しなかったことにぶつかった時は、その胸の中で起きる肯定の反応だ。中央吉病院を訪問して自動化された診療システムに接し、その便利さに感動した患者による広報効果もまた予想を超えていた。

感動は記憶を最も効果的に残す方法だ。私たちがいくら幼い頃に観た映画でも感動的なセリフは記憶しているのと同じである。いくら高価な贈り物でも、受け取る人の心に響きを与えることができなければ意味はない。一時期、韓国のすべての企業のモットーは「顧客満足」だった。だが、今はすべての企業は「顧客感動」を叫んでいる。商品とサービスが上向き平準化された市場では、単純に満足だけでは消費者から選択されることはない。満足を超えてさらに消費者に感動を与えてこそ、生き残ることができるのだ。

征服できない難病はない

二〇一一年一〇月一一日、嘉泉医大吉病院のがんセンターが開院した。がんセンターは難病征服のための吉病院の意欲を見せるもう一つの新たな挑戦だ。新しく導入した先端医療装備を基盤として、名医たちが額を突き合わせて患者に最も適合した治療方法を導き出して、がん治療の新しい地平を開くための私の挑戦でもある。

だが、がんセンター一つだけでは難病治療に効果を出すことはできない。がん治療効果を最大化できる協力研究機関があってこそ可能だった。PET+MRIフュージョン映像システムを開発、研究を主導しながら教育科学技術部のWCU（世界水準の研究センター大学）に選ばれた脳科学研究所とアジア最初のマウス代謝疾患特化センターを備えた李吉女がん・糖尿研究院、そ

最先端システムを備えた、吉病院がんセンター

して科学工学と医学薬学の融合という目標の下で研究に邁進しているバイオナノ研究院で構成された嘉泉吉財団三大研究所があるからこそ可能だ。

何よりも吉病院がんセンターは、私立大病院として最初に国家指定地域がんセンターと指定され、体系的ながん診療と研究インフラを認められた。がん患者の発見から登録、診療まで連係システムを体系的に構築して、仁川地域内のがん患者が気楽に診療を受けることのできるネットワーキングも構築した。さらにこのようなシステムを通じて地域がん患者の親和度を最大化する場所として生まれ変わっている。

だからといって地域がんセンターとしてけっしてとどまらない。私たちは仁川を超えて韓国最高のがんセンターとして躍進するために、徹底的に患者中心に運営し、最先端診療サービスを通じて国内がん治療の中心機関を目指している。また、がんセンターは個人の医療情報を医療スタッフが管理するシステムから家族や患者本人が記録を直接管理するシステムとして運営している。これを通じて、患者はUSBやコンピュータ、スマート機器などを活用して自身の健康記録を確認して、がん治療に必要な情報を得ることができる。

スマート機器を通じて医療スタッフと双方向疎通をしながら管理を受けることのできるシステムである。また、スマートフォンやタブレットPCの多様な機能を活用し、患者に最上の医療サービスが提供できる「スマート・ホスピタル」を実現している。有無線電話統合サービスと来院患者のための開放型無線LANを構築して、医療スタッフがリアルタイムで患者の状態を把握できるようにするのもその一つだ。

ここで終われば最高となると、最先端という意味はなくなるだろう。がんセンターはがんに対する理解のためにパンフレットを提供し、動画資料を視聴させ、看護師とボランティアメンバーが常駐し、がんと関連した多様な情報を見つけるサービスも提供している。がん患者と家族そして一般人を対象とした教育室を運営し、がんに関連した統合教育サービスを提供することも率先している。

医学の究極的な目的は病気を治療するところにあるのではなく、病気にかからずに長生きできるようにするところにある。一五世紀ヨーロッパの船員の中には壊血病にかかった人が多かった。国力の主要部分を占めている海軍兵士たちも例外ではなかった。海軍の強かった英国は兵士たちが集団で壊血病にかかり、危機に陥った。その時スコットランド出身の医師、ジェームズ・リンドーは船員に強制的に柑橘類を食べるようにさせた。壊血病はビタミンCが不足して起きる病気であったからだ。ジェームズ・リンドーの処方で兵士たちは健康を回復した。英国海軍の戦闘力はミカンで反転したといっても過言ではないだろう。

このように予防医学は、個人はもちろん国力を左右するほど重要だ。吉病院がんセンターはそのような予防医学的な側面でも徹底した準備をしている。初期予防と生涯健康管理のための個別検診など、顧客に合わせた検診プログラムを提供し、早期に病気を退治できる機会を作るための努力にも力を入れている。それだけでなく、国内最大規模のがん専門コーディネーター二〇人を配置し、リアルタイムでの相談を通じて迅速で正確な診療を提供するシステムも構築している。コーディネーターが持続的に患者治療に参加するシステムで、すべての患者が他の患者とは差別化された特別な診療を受けるようになっている。そのおかげで、持続的な管理が可能だ。個別相談と二四時間体制の相談を通じて患者の状態報告はもちろん、いつでも患者が知りたいことを解決できるように努力することにも力を入れている。がん患者と家族のための栄養教育、日常生活管理に及ぶ総体的な管理を通じて患者の診療便宜性を助け、患者が水準高いサービスを受けられる環境作りにも努力している。当日CT検査と内視鏡検査を受けられるようにする検査日程の調整で、内視鏡手術、外科的な手術、抗がん化学薬品治療、放射線治療など、各種がん治療と治療後の食事および抗がん剤副作用教育など持続的な相談ができるシステムも備えている。
多方面の専門医は相互補完し、緊密な協力を通じて正確な診断と患者に合う最適な診療を提供し、一人の患者が自分の状態に合う診療を受けられるように各科の有名な専門医が同じ場所に集まり、迅速で正確な診療方法を見つけ出すことに焦点を合わせるようにした。持続的な診療管理のために腫瘍専門担当看護師を常時待機させたのも患者を優先視する私の哲学だ。

アジアで最初に導入した最先端装備であるNovalis TXは脳、脊椎、肺、肝臓など全身に対応できる世界最高の精密度を持つ放射線がん治療機だ。そしてファイブロ・スキャンは肝臓疾患の進行程度を正確に測定し、肝臓の組織検査の問題点を体系的に解決できるようにする最先端装備だ。このように精密で人体工学的に設計された装備を構築し、世界的な医療インフラを備えたことも究極的には患者への私の愛の実践であり、公益のための精神の発露だ。

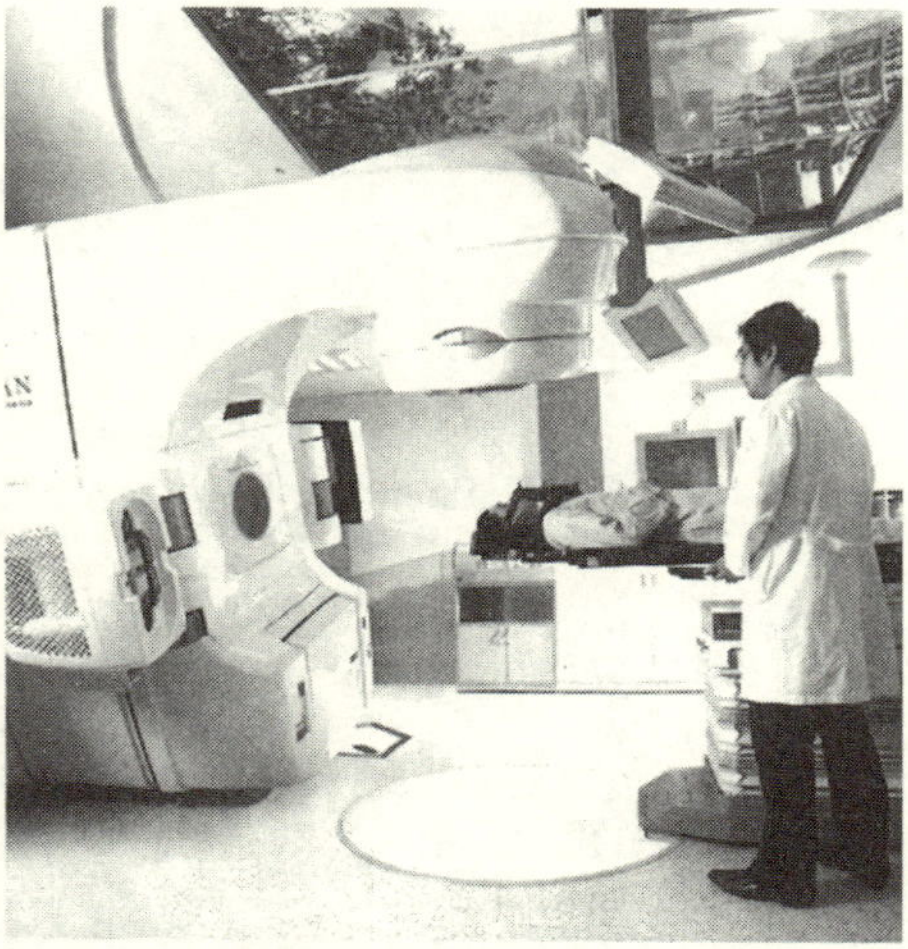
世界最高の精密度を誇る、放射線がん治療機Novalis TX

孔子穿珠

孔子がある日、珍しい玉（珠）を一つもらった。玉に糸を通して保管したいが、糸を通す方法が見つからなかった。あれこれ思案したあげく、孔子は町内で最も針仕事が上手だという女性を訪ねた。孔子の悩みを聞いた女性は大したことではないと答えた。

「そんな簡単なことも分からないんですか。蟻の腰に糸を縛って反対側の穴に蜜を塗っておけばいいんです。すると蟻が反対側の穴に出てくるはずです」

その言葉を聞いた孔子は膝を打ち、女から教えてもらった通りに糸を通すことができた。天下の思想家も誰かに学ぶことを躊躇しなかったということから作られた故事成句が「孔子穿《せん》珠《じゅ》」だ。私もまた誰であれ、職員であれ、何でも学ばなければならないという姿勢では、孔子の哲学と違わない。結局、孔子が世の中に論語を生み出したように、**私と職員らが学習を通じて新しい公益経営のモデルを作り出すことができるならば、喜んで学ばなければならないというのが私の哲学だ。**

一九九二年、ソウルに吉病院よりはるかに大きい規模の某大型総合病院ができた時、私は看護部長を呼んで、ベンチマーキング（現場に行ってくわしく調査すること）を指示した。

「ソウルに某病院が新しく開院したというから、看護システムがどうなっているか、実際に行って調べてみてください」

私はどこかに新しい病院ができたという噂を聞くと、自ら行って見ないと気がすまない。事情があってそうできなければ、責任のある人を代わりに送り、施設はどうか、新しく導入したシステムはないのかなど、細かく調べてくるようにさせる。そのように見て聞くことは、私と職員にとって教育の一環であるからだ。

ベンチマーキングの対象はけっして病院だけにとどまらない。仁川空港がちょうどできた時は施設課長を呼んで空港を見てくることを指示したこともある。

「仁川国際空港がオープンしたそうなので、行って一度見てきて下さい」

「ええッ」

「最先端の設備を誇るので、行って私たちの病院に応用できることはないか見てきてください。手洗いも必ず行ってみてください。実際に見れば一つくらいは習うことがあるはずです」

新しい建物だけでなく、どこかで建築博覧会でも開かれれば、施設課の職員に必ず行くようにと指示する。何でも実際に見て習い、良いことは必ず反映してアップグレードしようということだ。今の吉病院のシステムはそのようにして築いてきたし、今後もそのように進んでいくだろう。企業や病院も有機体として、競争という宿命の中に置かれているために、絶えず進化しなければ、生き残ることはけっしてできない。

「牛骨塔《ウゴルタプ》」という言葉がある。韓国で七〇年代の大学を風刺的に指した言葉だ。貧しい農村で子供を大学教育までさせるためには、農村の最も大きな財産であり、生産道具である牛を売らなければならないということから生まれた言葉だ。田舎出身の私も母が毎学期に田を切り売りし、授業料を送ってくれたおかげでやっと医学部の勉強を終えることができた。

牛骨塔という言葉は、世界で右に出るものがないほどの韓国の教育熱を象徴している。親の世代のこのような教育の熱意がなかったなら、今の韓国は存在しなかっただろう。今日の私の姿もまたそうだ。もし、「女の子が大学進学をしてなにになる。玉の輿にでも乗ればよい」という古い田舎の因習にとらわれ、母まで私の裡里《イリ》女子高(中・高一貫の六年制)の進学をあきらめたなら……。父が亡くなってから家産は大きく傾いたが、その時に母は残った財産を切り売りして、私の大学入学金をくれなかったとしたら……。今思うと、母への感謝は限りないものがある。

私は医師と看護師はもちろん、患者を教育することも大事にしている。直接患者を診療していた時期、患者からつけられたあだ名は「絵の上手な医師」だった。今は医師にけっして劣らないほどの医療知識の豊富な患者も多いが、あの時代の患者は深刻なくらい自分の病気について無知だった。医師の処方よりも検証されたこともない民間療法を信じる人も多く、熱心に注意事項を話しても入院しようとせず、かえって病気を悪化させる場合も一度や二度ではなかった。それで私は、できることなら患者の病名と治療方法、注意事項などを患者と保護者が正確に理解できるまで繰り返して説明した。その時に最も効果的な方法が、絵を描いて説明することだった。例えば子宮から生殖器まで女性の身体構造を描いた後に、一つ一つ指で指しながら、どこにどんな問題が発生したかを説明すれば、医学に全く無知でも、また教育を受けないで育った患者でも、すぐに理解してくれた。患者が自身の体の問題を正しく理解したと思えたら、今後どんな治療を通じて、どのような効果が期待されるかを説明した。もし、治療を正しく受けなかったり、注意事項を守らなければどんな結果となるかを詳細に教えた。

「今痛いのはこの子宮に炎症ができたからです。指を切って傷ができると炎症ができるでしょう。ここも同じように炎症ができたからです。治療を受けなければどうなるでしょうか。炎症が他のところに広がります。すると大変なことになるでしょう」

患者が頷いてわかったような顔になると、嬉しくなって説明するのが楽しかった。そんなことを繰り返していたら、絵を描く実力が日増しにうまくなるのも当然だった。もちろん、その後はいろいろな映像装備が私の絵に代わってくれたが……。子宮頸部鏡など購入当時には高価だった先端診断装備をいつも他の病院より先に入れたのも、患者に患部を見せてあげたかったからだ。

医療スタッフならわかるが、患者にまで何の教育が必要かと反問する人がいるかもしれない。だが、実際に患者に説明し、教育して治療をするのと、そうでないのは途方もない違いがある。患者が自分の体と病気について知れば知るほど、本人であるだけに、自分の体の状態により多くの関心を持つようになるからだ。そして当然、積極的に治療を受け入れるようになり、治療効果も高まる。それが教育の力だ。最近、病院で「糖尿病セミナー」や「禁煙講座」「関節健康講座」など各種の教育機会を用意し、患者に多様な医学情報を与えようと努力しているのも、それが究極的に治療に役立ち、医療スタッフと患者との間の円滑なコミュニケーションに役立つからだ。

患者から「絵の上手な医師」と言われたが、看護師の間で私のあだ名は「チョークを持った医師」だった。私は機会があるたびに看護師を黒板の前に集めて、チョークを取った。

「医療スタッフの基本的な役割は、患者が痛くならないようにすることです。皆さんがなぜ患者により誠意を持たなければならないのか、患者が真心のこもったケアを受ける時に患者の体にどのような変化が起きるのかを説明しなければなりません」

このようなやり方で私は看護師に痛みの理論を教えた。患者がどの場合にどれくらいの苦痛を受けるのか、どうすれば苦痛を減らすことができるのか、心理的な理解を持っていれば、患者をよりケアできるし、その分、心からの看護ができると思ったからだ。皆が看護学科を卒業した専攻者だといっても、学校では聞いて覚えただけにすぎなく、理解にまで達していないからだ。知識が骨の髄にまで刻まれ、無意識の中でも自然と応用できるほどになってこそ、完璧な理解だと言えるはずだ。

医者の場合には積極的に海外研修に送った。私は私が留学を通じて習ったことをうちの病院の医師にも同じようにしたのだった。衝撃と感動が生きている現場教育が、どれほど偉大な力を発揮するのかは、他の誰よりもよく知っているからだ。医師を対象にした海外研修は一九七八年、仁川吉病院が開院した時から本格的に始まった。おそらく韓国の民間病院では最初だったはずだ。一九八四年、ソウル大学病院と医療支援協約を結んで始まった国内外有数大学との提携および姉妹提携は効果が絶大だった。海外の場合、一九八四年から姉妹提携を結んだシカゴ医大やトーマス・ジェファーソン医大などが代表的な事例といえる。そういった努力のおかげで、「地方病院」というハンディを克服し、優秀な医療スタッフをたくさん迎え入れることができた。

一九七〇年代に韓国が「漢江の奇跡」を成し遂げることができたのは、ベンチマーキング、そしてキャッチアップ戦略のおかげだ。韓国のかつての一世代の企業家は、米軍軍用車両を解体し、再組み立てしながら自動車作りの方法を習ったし、日本の電子製品を下請け生産しながら一つずつ技術を積み上げた。その結果、韓国は現在、世界屈指の自動車大国、ＩＴ大国となった。李吉女産婦人科が開院と同時に仁川最高の産婦人科と認められたのもやはり、米国の先進技術と顧客中心の医療サービスをベンチマーキングした結果だ。

あらゆる分野でグローバリズムと競争が強調される現在、中小型病院も海外研修プログラムを推進するなどベンチマーキングに熱を上げている。だが、一九七〇年代までは病院を開業さえすればある程度成功が保証されたから、あえて大きな費用を支払って危険を冒し、技術とサービスのアップグレードにこだわる必要はなかった。そのような面で、私は一九六〇年代から韓国医療界にベンチマーキング技法を導入した一世代だと自負している。

しかし、機械的に学び、模倣して真似る製品とサービスだけでは、それ以上の消費者の視線

五つ星ホテル級の嘉泉脳健康センター

を魅きつけることはできない。現代という時代は、消費者の気づかない隠された欲望までを、見つけ出して引き出す、独創的で創造的な新製品があふれている。日常に必要なすべてのものが不足し、作れば何でも無条件に売れた時代は終わった。物があふれて、製品の性能は上向きに平準化されたし、消費者の好みはますます複雑になっている。もう国家、企業、個人を問わず、他のものと差別化される、全く新しい自分だけの競争力が必要だ。

医療サービス分野も同じだ。卓越した先輩医師が成し遂げた成果を真似て踏襲することで病院がそれなりに維持された時代は終わったのだ。医療サービスも冷静な市場のルールが支配する一つの「商品」となった。それなら他の人とは違う自分だけの弁別力を備え、不断に競争力を向上していく医師と病院だけが生き残るのは当然だ。患者の意識も「消費者」としての権利を堂々と要求するほうへと発展している。

嘉泉吉財団が未来を見通して準備したのもまた、文字通り「全く新しい次元の医療サービス」だ。二〇一〇年、私たちは嘉泉医大吉病院脳科学研究所内に嘉泉脳健康センターを新たにオープンした。

脳科学研究所が脳に関する研究をするセンターならば、脳健康センターは蓄積された研究成果を基に本格的に脳疾患を検診する所だ。アジアで唯一の七テスラ級のMRIと超高解像度のフュージョン映像システム（PET-MRI Hybrid System）で脳の中を手相のように覗いて見ることができる。特にフュージョン映像システムは、私たちの力で開発した最先端装置だ。三〇〇余坪の空間には患者のための五つ星級ホテル水準の快適な施設が備えられている。

韓国では六五歳以上の高齢者人口は、すでに全人口の一一パーセントに達している。OECD諸国の中でも出産率が最も低く、高齢化速度が最も速い国でもある。高齢化社会では医療界はもちろん全社会的な次元で退行性疾患を克服することが至上課題になるだろう。代表的な退行性疾患は痴呆性脳疾患とがん、そして糖尿病だ。現在、世界の糖尿病患者は二億四六〇〇万人と推定されているが、二〇二五年頃になれば約三億八〇〇〇万人まで増えると予想される。さらにがん患者を合わせれば、世界の人口の約一〇パーセントが退行性難病に苦しむようになると言われる。李吉女がん・糖尿研究院はこのような時代的な要請に応じるために、あらかじめ用意されたもう一つの成長エンジンと言える。

韓国が平均寿命一〇〇歳に近づく長寿社会になれば、医療サービスは治療ではなく、予防により一層重点を置くことになるだろう。医療技術が発展すればするほど診断領域は広くなり、それだけ予防範囲も広くなるはずだ。病気を治療する前に最初から病気にならないように予防することこそ、最も理想的な医療サービスではないだろうか。脳科学研究所とがん・糖尿研究院が保有している世界最高水準の装備と施設、そしてやはり世界最高水準だと自負できる研究陣と医療スタッフは「治療以前に予防」という医療界の最新トレンドを反映した結果であり、今後のトレンドを導く主役になるだろう。

急変する変化の時代、その中で生き残るためには、それに対応して進化の速度も恐ろしいほど速くなければならない。私は今でも海外に出て行くと、必ずその地域の主要な病院を見回っている。学ぶためだ。**いくら強調しても強調しきれないのが教育だ。しかし、この教育が向かうべき最終目的地は公益であると思う。**私一人や医者らの個人的な発展のためだったら、あえて海外研修などに送らなくてもよかったはずだ。だが、はっきりした目的があって、これからのすべての企業が進むべき方向だと固く信じたからこそ、場所を選ばずに職員を送り、海外研修に送った。結局私たちは、ともに生きなければならないからだ。

人材は資産だ

これからは国のために働いてください

いかなる組織であれ、人材の重要性はいくら強調してもしすぎることはないが、病院と学校こそ「人材がすなわち資産」だ。病院と学校を導く主体は医師と教授だ。彼らは、社会で最も尊敬を受ける専門職の一つであるだけに、求められる役割も大きい。特に病院と学校は優秀な人材をどれほど多く、そして適切に確保するかによってその成否が明確に分かれる。

しかし、韓国ではソウル以外の地にある大学と病院は、人材確保の面でハンディが大きい。嘉泉医大吉病院の根拠地は仁川で、嘉泉大学はソウル郊外の城南《ソンナム》にある。いくらソウルから近い地域にあるといっても、長い歳月の中央集中政策の産物なのか、「ソウル」と「非ソウル」は明確に区別される。よその国に、「韓国はソウルとソウルでない地域に分かれる」というような言葉があるだろうか。
一九七〇年代までは仁川とソウルを繋ぐ交通手段は「サムファ高速」だけだった。当時、仁川の教育・文化・住居環境はソウルに比べものにならないほど劣っていた。だから、いかなる職種よりもプライドの高い医師と教授を仁川の病院に迎え入れるのはけっして容易ではなかった。だが、あまりにも人材への欲求が格別だった私は、有能な人の噂さえあれば、地球の果てまで訪ねてでも必ず連れてくるという覚悟で情熱を注いだ。

一〇年間ソウル大医学部同窓会長を務めながら、私は毎年欠かさずに米国での同窓会にも参加した。もちろん同窓会の縁をグローバルに拡大するのが一次的な目的だったが、ソウル大学医学部米国同窓会を通じて人材を発掘する目的があった。医療先進国である米国で活動する優れた人材を故国に連れ戻し、ともに仕事をしたかったのだ。それで米国に行って医療界の人びとに会うたびに人材を探す機会にした。そして、気に入った人の身元と所在を把握すると、三顧の礼を惜しまなかった。

現在の脳科学研究所の所長として仕事をしている趙長《チョジャン》熙《ヒ》博士は二〇〇四年当時、カリフォルニア大（UCオバイン）の教授であった。今でこそ、どの病院でもよく使われているPET（陽電子放出断層撮影機）を一九七五年世界で初めて開発したほどで、脳映像分野では断然世界トップの人物だ。韓国人で、ノーベル賞に最も近いと評価されている。ソウル大学の工学部を出て、スウェーデンのウプサラ大学で核物理学を研究した趙長熙博士は、七〇年代から海外の先進的

脳疾患研究のメッカ、嘉泉脳科学研究所

な研究環境の中で、実に注目される研究成果を次から次へと発表している。

二〇〇四年、私はカリフォルニアに渡り、趙長熙博士を訪ねた。

「博士が研究しておられる先端映像分野は、今後脳疾患研究に画期的な発展をもたらすと考えています。二一世紀医学の発展がこのような先端科学にかかっているはずです。韓国でもそのような先端科学研究が行われなければなりません。韓国でそのことをやってみませんか」

「そうですね。私がやっている研究は費用がかかる分野ですから。韓国ではそのような研究ができるほどの環境が整っているかよくわかりません」

間違ってはいなかった。韓国ではまだ脳科学や特殊映像分野についての認識そのものが、まともに確立されていない時代だった。

「博士が心配なさることは十分に理解します。だが、私は韓国の科学を世界的な水準に引き上げるために、私のすべてを投資する準備ができています。博士さえ決心してくだされば、研究に必要なすべてのものを全面的に支援します」

これほど切実に話したにもかかわらず、趙長煕博士はしばらく返事がなかった。

「私はとても長期にわたって海外生活をしており、国内の事情はよくわかりません。お気持ちはよくわかりましたが、私の研究分野は、すぐには収益が期待できない基礎科学分野です。今でこそそのようにおっしゃいますが、今後長くずっと投資だけをするわけにもいかないではありませんか。本当に申し訳ありません」

私は結局、趙長煕博士から良い返事を聞くことなく、帰国するしかなかった。だがしかし、あきらめることはできなかった。初めから、一度の説得で可能だとは思っていなかったからだ。人を得ること、それも世界最高の人材を迎えることがそんなに易しいはずはなかった。だが、私が誰よりも上手にできることは、最善を尽くして人の心をつかむことではなかったか。

韓国に戻った後にも私は時間があると趙博士に電話をしたり、メールを送って説得し続けた。

「博士、もう国のために仕事をされる秋《とき》ではありませんか。望まれるような環境は私がすべて備えて差し上げます。ですから私を信じて決心してください」

「私はそれほど愛国者でもありませんし……」

「博士が四〇年間なさったことは愛国でなければ何が愛国でしょうか。世界の誰もができないことを韓国人という立場でやり遂げました。韓国の名誉をどれくらい高められたかわかりません」

しかし、趙長熙博士は簡単に決心してくれなかった。だが、私はあきらめなかった。

そんなある日、趙長熙博士のほうから電話が入った。

「会長、本当にできますか。信じてもいいですか」

「そうです。もうこれからはお国のために仕事をなさってください。それなら、私にできるすべての支援をいたします」

結局、趙長熙博士は嘉泉に来てくれることになった。私は彼が望む研究環境を整えるために、当時としては途方もない金額であった一〇〇〇億ウォン（八〇億円ほど）を投資し、世界最高水準の脳科学研究所を設立した。

用人勿疑

恋に陥っている二人の男女にはお互いの長所しか見えない。そんな時、二人が争うことはほとんどない。だが結婚をし、時間が経つにつれて、長所よりも短所だけが目立ち始める。お互いの短所を一つ二つ指摘し始めると、二人の愛にはひびが入り、平穏が揺さぶられ、ついには破綻に達してしまうこともままある。このような問題に陥ったある夫婦が、心理カウンセラーを訪ねようと提案したそうだ。

「この紙に互いの長所を一〇と短所を一〇、書いてください」

二人が提出した回答を見ると、短所は一ページが超えるほど並べられていたが、長所はわずか五つにも達していなかった。ところで、その夫婦には果たして短所しかなかったのだろうか。そんなはずはない。ただ、長所を見る目がすっかりなくなっただけだ。回答用紙を検討したカウンセラーが下した処方は、「今書いた相手方の短所と同じくらい、長所についても満たしてみてください」ということだった。その問いにきちんと答えた夫婦は、仲良く手を握って帰ったそうだ。相手の長所を発見していく過程こそ、治癒だったのである。

二〇〇二年ワールドカップの時、「酸素タンク」と呼ばれ、今は世界最高のサッカークラブであるマンチェスター・ユナイテッドなどで、「無名の英雄、つまり縁の下の力持ち（unsung hero）」として活躍しているワールドスター、朴智星《パクチソン》は高校卒業時までは、注目を浴びることのない無名の選手だった。どんな選手よりも一生懸命に走ったが、それほど大きくない体格のせいで目立つような活躍を見せる機会はなかった。大学進学さえ危うかった彼の可能性を見出したのはただ一人、後に韓国のナショナルチームの監督に就くフース・ヒディンクだ。彼は朴智星の速い足といかなる状況でもへこたれない精神力を見抜き、韓国代表に選んだ。

素晴らしいデザインで世界の人を魅了しているｉＰｈｏｎｅとｉＰａｄなど、アップルの製品のほとんどをデザインしたのは、デザイン部門の副社長であるジョナサン・アイブだ。アップルに入社する前まで彼は、無名の浴槽デザイナーにすぎなかった。二〇一一年に亡くなったアップルのCEOスティーブ・ジョブズが彼を迎え入れようとすると社内の誰もが反対した。浴槽デザイナーがどうやって最先端のIT製品をデザインできるかという理由であった。それに、彼がデザインした浴槽もけっして良くないという評価だった。だが、スティーブ・ジョブズは風変わりな浴槽をデザインできる彼の想像力と創意性に注目し、多くの反対を押し切って彼を迎え入れた。

ジョブズは「一〇〇〇万ドルくれてもジョナサン・アイブとは交換しない」と言いのけた。

このように抜擢された人は、短所でなく長所に注目したリーダーのために、そしてそういう信頼に応えるために最善を尽くす。リーダーが短所より長所を見てくれたおかげで、朴智星とジョナサン・アイブは花を咲かせた。彼らの秘められた能力を見抜いたヒディンクとスティーブ・ジョブズは偉大なリーダーである。

「疑人莫用」「用人勿疑」という言葉がある。韓国『明心宝鑑《ミョンシムポガム》』(高麗忠烈《チュンリョル》王〔一二七四〜一三〇八〕に秋適《チュジョク》が編纂した、青少年用の儒教の教科書)に出てくる一節で、「信じられない人は初めから使わず、いったん使うことにしたら疑うな」という意味だ。いつ噛みしめても味わい深く、そのたびにいつも心を新たにすることができる言葉だ。私はこの言葉に私だけの人材論を見出している。

「後押しできない人は初めから使わず、いったん使うことにしたなら、無条件に後押しせよ」

趙長煕博士が脳科学研究所の所長に就くと、しばらくの間職員の不満が募った。彼は研究に没頭すると、周囲の視線なんか気にしなかったし、他人に気を配ることもなかった。研究に関してはあまりにも非妥協的な性格で、周りの研究者と摩擦が多かった。彼が世界最高の研究者だということには異論がなかったが、組織の長としてはちょっと難しいのではないかというのだった。だが私は、そんなすべての不満を一蹴した。

「今私たちに最も必要な人材は世界的な競争力を備えた研究者です。研究能力が優れているなら、そのような問題ぐらいは甘んじるべきです。人間関係や手続き上の問題が生じたら、私のところに来てください。私がすべて解決します」

四角四面の融通の利かない趙長熙博士の性格を咎めるのは簡単だが、そんなことは無用だ。だが、卓越したその研究能力を認めて支援することは非常に有用なことだ。政治的でない性格はむしろ偽りのない純粋さに通じることがある。見えるそのままの人ならば、本当に信じることができるではないか。

リーダーシップの核心は自信だ。自分に対する信頼、そして自分の決定に対する信頼がなければ、推進力はもちろんリーダーシップも生まれない。自ら自分を信じない人を誰が信じて従うだろうか。

趙長熙博士がいなかったなら、現在の脳科学研究所はなかったろう。趙長熙博士を迎え入れたのが起爆剤となり、六〜七〇年代に海外留学に出たまま、いろいろな理由で海外で活動していた韓国の有能な人材を次から次へ迎え入れることができたからだ。海外で活躍していた有能

長寿医学のメッカ、李吉女がん・糖尿研究院

な人材が一人二人帰国するのを見て、該当分野はもちろん、その分野と関連した外国の学界が韓国の研究環境について新しく認識し始めたのも、目に見えない成果といえば成果だ。

脳科学研究所とともに嘉泉吉財団のもう一つの誇るべき李吉女がん・糖尿研究院の責任者は、世界的な長寿医学研究の大家である朴相哲《パクサンチョル》博士である。ソウル大医学部で長らく加齢老化と長寿医学を研究してきた朴相哲院長は、韓国よりもむしろ外国で有名である。彼を迎え入れるために、五年前から時折会って長寿医学の未来について話を交わした。ソウル大医学部の定年を三年後に控えた二〇一一年、嘉泉大に移籍することになった朴院長のニュースは、当時韓国のマスコミで大きく報じられた。これは、一度人材を迎え入れれば、すべてを最後まで信じて任せる私の人材起用法の結実でもあった。

「人がすなわち資産だ」

志をともにしましょう

嘉泉医科大の初代総長を務めた高昌舜《コチャンスン》総長は、金泳三《キムヨンサム》元大統領の主治医とソウル大病院長を務めた方だ。個人的には三回もがんを患ったが、勝ち抜いた奇跡の人でもある。私が総長職をお願いしに訪ねた時、彼はがんと闘って体重が一六キロも落ちていた。総長就任をお願いする時期ではないことはわかっていたが、私が五〇年間も切実に念願し、今こそやっと実現した医学部を導いてくれる人は彼しかいないと思った。私は彼にこう話した。

「骨を折ることだとは私も知っています。私がこんなことを頼める状況ではないこともよくわかっています。だが私は、院長にこそ大学の総長を引き受けて欲しいのです。一週間に一、二回だけ出てくださればよいです。残りの時間は治療を受けながら、健康も取り戻してください。私が願うのは院長の精神と豊富な経験と知性です。院長の精神を医学部に植え付けてください」

利害がからんでいると、利害関係が歪む瞬間に別れることになる。仕事だけを一緒にする人は仕事が終われば別れる。だが志をともにする人はその志が変わらない限り、いつもともにできる友人であり、同志となる。人材を探す時、私は「仕事をともにしよう」と言わない。「志をともにしよう」と言っている。

一九八七年、嘉泉医大吉病院を開院してから今日まで、二〇年を超える時間をともにしている人びとがいる。一九八八年、吉病院の心臓内科長として入り、今日までともに働いている申《シン》翼均《イクキュン》医学部大学院長もその一人だ。迎え入れるために初めて会った席で、何を望むのかと尋ねると、彼はこのように答えた。

「お金は重要ではありません。私が米国で心臓学の研修をしていてわかったのは、米国と韓国の医療現場の格差があまりにも大きいことです。私は、米国のような先進的なシステムを韓国で作りたいのです。心臓専門医としてまともに勉強し、成長できる環境を作っていただけるなら喜んで会長とともに働きます」

当時彼は二年間の米国研修を終え、どの病院に行くか悩んでいた。当時は心臓手術の草創期で、心臓関連専門医も珍しかっただけに装備も米国とは比較にならないほど劣悪な状況だった。彼の話を聞いて私の米国留学時のことが浮かんだ。そして、その心情が理解できた。同時に再び胸が熱くなるのを感じた。私は最大限の支援をすると約束した。

「ともに無から有をつくってみましょう！」

韓国の心臓学の水準を高めてみましょうと、私と意気投合した彼は、懸命に診療と手術を始めた。いくら扱いにくい患者でも拒むことはなく、うちの病院に設備がなければ、ソウルの大病院にまで一緒に行って治療をするほどだった。私も心臓内科に必要な有能な人材を次から次へ補充する一方、一年に何度も海外研修に人を送るなど、私にできる支援はすべてした。臨床医も研究能力を高めてこそ、水準の高い診療ができるという考えから、研究費支援も惜しまなかった。彼の情熱と実力、そして私の全面的な支援のおかげか、吉病院の心臓内科を訪ねてくる患者の数が幾何級数的に増え始めた。

ある日、申翼均科長が真剣な顔で面会を求めた。

「会長、もう私たちも心臓センターを作るべきだと思います」

「この頃患者が増えましたね」

「患者が増えたのもそうですが、急患の場合、ソウルまで移送する途中で死亡する場合があります。仁川に設備を整えた心臓センターがないために、命を失う患者が出てもいいんですか」

心臓病こそ時間を争う患者の多い疾患だ。心臓センターがあれば、心臓と付随するいろいろな科を一か所に集められるので、患者の移動が短くなるなどのシナジー効果がある。ところで、その時までに韓国の心臓センターは一か所もなかった。延世大のセブランス病院が韓国で初めて心臓センターを設立するために工事を始めたばかりだった。心臓センターを運営すればどれくらい収益があるのかベンチマーキングする対象も、ロールモデルもなかった。偶然にも当時、吉病院は肝センターを作るために敷地を用意して、計画を実行するための余力がなかった。だが、韓国の心臓治療を私たちの手でやってみま

韓国の心臓治療の中核、吉病院心臓センター

しょうと言った初めての発言を、私ははっきりと記憶している。

「わかりました。ひとまず調査をしてみてください。センターを建設するのに経費はいくらかかるのか、どのように運営すればいいのか、人手はどれくらい必要なのかなどです。それから決めましょう」

一九九二年にこのように言ってから三年後の一九九五年、吉病院は韓国で二番目の心臓センターを開設した。二〇〇億ウォンを超える費用がかかったが、そのやりがいと成果はかかった費用に比べられるものではなかった。吉病院心臓センターは韓国で初めて心臓と肺の同時移植手術を成功させたし、また韓国で初めて冠状動脈硬化除去手術をやり遂げた。心不全症患者を対象とした左心室改造術も韓国で初めて成功した。その他にも吉病院心臓センターは、いろいろな「韓国第一号手術」の記録を残し、名実ともに韓国最高の心臓センターに成長した。研究力量も臨床に劣らず、国内でSCI（Science Citation Index）級論文を最も多く出す屈指の心臓内科となった。

これらすべてが申翼均医学部大学院長と志をともにして可能だったのだ。彼が単にお金に執着していたなら、まるで荒れ地同然だった韓国の心臓学界の発展のために、あれほど情熱を注ぐことはできなかっただろう。私も単に収益だけを望む経営者だったら、あれほど全面的な支援はできなかったはずだ。

志をともにするというのは新しい価値を付与することだ。志をともにすることによって初めて私益を超えた公的なやりがいがあり、そのやりがいは結局、志をともにする人たちの絆をよ

り固く強くする。

そしてもう一人。一九八七年吉病院開院当時に看護部長として来た金炳娟《キムビョンヨン》看護理事を忘れることはできない。彼女は六〇年代のドイツ派遣看護師出身で、私が米国留学を通じて感じたのと同じような経験をドイツ派遣時期にしている。「どうしてわが国はこのように貧しいのか」「韓国人はなぜドイツ人が享受するような医療の恩恵を受けられないのか」という思いだ。

看護スタッフは、医療陣とともに病院を導く最も重要な二本の柱だ。人員数だけで言うと病院で最も多い比重を占める。金炳娟看護理事はこの二〇年間、数多くの看護師を育成する一方、うちの病院の看護チームが持続的に向上するシステムを築いた。

私は結婚せずに生きてきたが、孤独だと感じたことはあまりない。私には嘉泉吉財団の皆が家族で恋人だからだ。このように志をともにする人びとがいるからこそ、私は依然として前に進むことができる。世界のための博愛の道に。

ささいな点を気遣う

一九八七年、嘉泉医大吉病院を建てている時のことだった。五〇〇規模の病床として設計された吉病院は、当時韓国の総合病院の中でも病床数基準では三位グループとなる大型病院だった。私はその規模に見合った現代的な病院を構築したかった。そこで韓国で初めてのコンピュータシステムを導入し、医療装備も最新先端のものを備える計画を立てていた。病院の骨格となる建物も患者中心にしてほしいと設計段階で注文した。こうしてついに、待ちに待った設計図が出来上がった。ところが一か所が全く気に入らなかった。

「申し訳ありませんが、設計をし直してください」

「ええッ、何か問題ですか」

「トイレがとても狭いのです」

もちろん一般的な基準として見ると、けっして小さくなかった。だが、私が考えている病院のトイレは、一般基準より広く、さらに快適な空間であるべきだった。当然のことだが、患者は体が悪い場合が多い。点滴や補助器具など健常者が使わない器具を利用しなければならない場合も多い。場合によっては保護者がトイレに一緒に入らなければならない時もある。だから、普通の人よりずっと広い空間を必要とする。そのような状況を考えると、設計図上のトイレは非常に狭苦しかった。

英語ではトイレを「レストルーム（rest room）」とも言う。外国空港やホテルのトイレに入ってみると、本当に休息空間といってもいいくらい広くて居心地がいい。先進国では病気でない普通の人にも広くて快適なトイレを提供するのに、韓国では体の具合の悪い患者にさえ狭苦しくて不便なトイレを提供している。

私の要請で結局、設計は修正に入った。すでに配置されていたトイレを広げようとすると、やむを得ず他の空間の配置も変えねばならない。時間はもちろんで、費用もそれだけかかった。そのように作られた中央吉病院のトイレは、近頃の基準からしても十分に広い。二〇年余り前に建てられたとは信じ難いと、設計のマインドに感心する人も多い。病院で最も重要な空間は診療室や手術室、入院室であってトイレではないと反問する人がいるかもしれない。だが、私の基準では病院のトイレも手術室や入院室に劣らず重要なのだ。

私は今もたびたびトイレに入ると、患者の立場で改善の方法を考えたりする。「カバン掛けはこちらに移したほうがより楽ではないだろうか」「傘《かさ》掛けはここにあるべきだ」――今も毎週一回程度は一階ずつ歩いて上りながら、トイレの衛生状態を点検する。もしトイレが汚れていたり、故障したまま放置されていると、担当者を呼んで厳しく注意している。

ある建物の玄関ガラス窓が割れている。建物の主人は面倒でガラス一枚直すのをもったいないからと割れた窓をそのまま放置している。だが、その建物の前を通る人びとは割れた窓ガラスを見て、この建物は建物の主人と入居者に捨てられたと思うだろう。さらにその建物と周辺まで危険だと感じる。広報の専門家マイケル・レビンはこう言っている。

「ビジネスにおいて、顧客の認識こそ企業の成否を決める最も重要な要素だ。ただ一度の失敗、ただ一人の不親切な職員、ただ一度の不快な経験のために顧客はあなたの会社に背を向ける」と。

この言葉は、「ただ一度の感動、ただ一人の親切な職員、ただ一度の幸せな経験のために顧客は私たちの会社に絶対的に忠誠を尽くす」という意味と同じだ。いわゆる「割れた窓ガラスの法則」だ。

吉病院を象徴する色は「インディアンピンク」だ。吉病院を初めて建てる時に決めてから、今までずっと吉病院のトレードマークとなった。当時韓国では一般的に、病院を代表する色は白色でなければ灰色だった。だが私は、患者が病院を自分の家のように安らかに感じながらも「吉病院」といえばすぐに思い浮かぶような固有の色が欲しかった。何日もの間、赤色、青色、緑色などのいろいろな色を壁に塗って悩んだあげく、やっとこれだと思った色がインディアンピンクだった。患者はもちろん医療スタッフからも、母性愛の温かみがにじみ出ていると好評を得た。他の人はさほど気を遣わなかった病院の色、その**ささいな差別化が吉病院のイメージを変え、患者と医療スタッフに前向きな意識を与える**道具となったのだ。

名品と偽物を区別する基準は、素材自体よりもファスナーや縫い方、取っ手の装飾、さらに材質からにじみ出るにおいのようなささいな部分だという。ささいな完璧主義が名品を作るというわけだ。それで私は「大胆細心」という言葉が好きだ。**大きなことを推進して決める時は果敢に、小さなことは細心で徹底して仕上げるという意味だ。大胆なだけだったり、細心なだけなら失うものも多い。二つをともに備えた時に初めて、大きなことも、小さなことも完璧にやり遂げることができる。**

二〇一〇年に、韓国内の大学の間で薬学部誘致のための戦争を繰り広げた時のことだった。それについては前述したが、審査委員団の現場実態調査がある日の朝、私は最終点検をした。プレゼンする内容は、すでに何度かの予行演習を経て不足した部分を十分に補い、嘉泉医科大とがん・糖尿研究院研究施設の最高の状態を見せるために、何日も前から完璧な準備をしておいた。審査委員が飲む湯飲みと、それを置くお盆まで几帳面に準備を整えた。最後にプレゼンする場所を見回っていると、審査委員のために準備した筆記道具が気に入らなかった。

「ボールペンを違うものに換えなさい。あれは普段使いのありふれたペンではないですか」

担当者は急いで他のペンと取り換えたが、しかしそれも私は気に入らなかった。私は再び買ってこさせた。結局二度も文具店に人をやらせ、やっと気に入ったボールペンが準備できた。私が望んだのは、審査委員が所持したいと思うほど高級感のあるボールペンだった。審査委員が席に座った時に、ペン一つさえも注意深く準備されたと感じるなら、思わず満足するのではないだろうか。そして、そのような第一印象は全く違う結果をもたらすことさえある。

いくら巨大に見えるものも本当はささいなことの組み合わせなのだ。一滴の水が集まって大きい川となり、その川が集まってついに海となる。一粒の水がなかったならば海もない。**ささいなことに最善を尽くすことができなければ、大きなことでも最上の結果を得ることはできない。**

Part2 選択

公益経営、核心を求めよ

急患専用のヘリを飛ばせ

若い頃、ポンポン蒸気船に乗って西海《ソヘ》（黄海）の離島の村に無料診療に通ったりした。そのたびに「病院船が一隻でもあれば本当によいのに……」という物足りなさを感じたものだ。だが結局、病院船を買うことはできなかった。そんな虚しさを補うように、吉病院は韓国初の遠隔画像診療システムを導入した。その結果、白翎島《ペンニョンド》にいる患者を仁川からモニターを通じて診療する成果を成し遂げた。

当時は交通も不便だったが、住民たちの生活と保健医療環境も言葉にできないほど悪かった。その方たちに対する不憫《ふびん》さもあり、一時白翎島で直接病院を運営したこともある。それでも急患をきちんと治療できない限界は続いた。こういうもどかしさと医療環境から疎外される

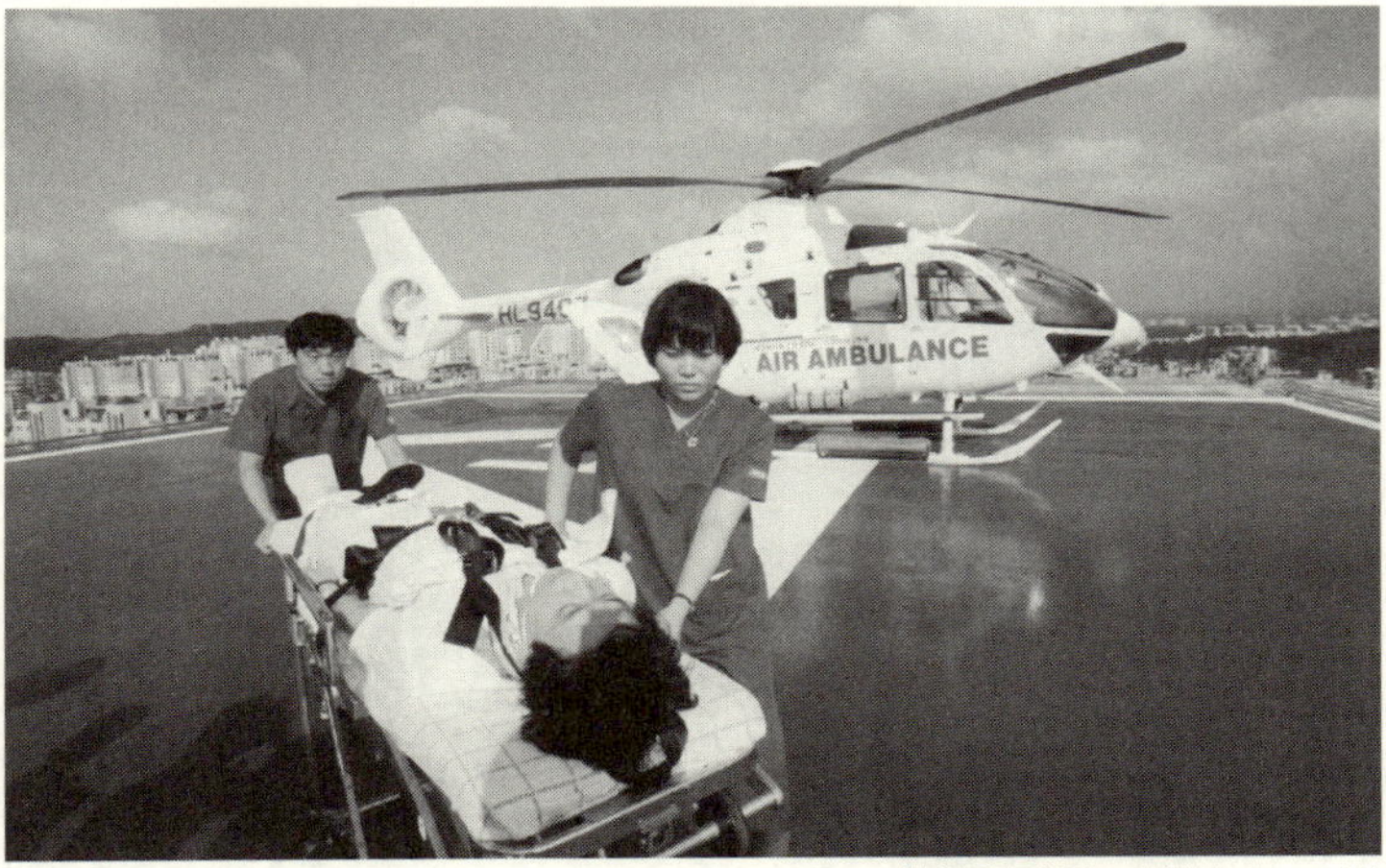

緊急医療専用ヘリ(ドクターヘリ)

人がいてはいけないという思いが天に通じたのか、ついに道が開かれた。嘉泉医大吉病院が韓国で初めて急患専用の緊急医療ヘリ、すなわちドクターヘリを導入する運営病院に選ばれたのだ。

仁川地域には有人島と無人島を合わせ、実に一七〇の島がある。人が住む有人島はいくつもない。だが、島の住人に救急状況が発生しても、適時に治療を行えなくていらいらしたことが何度もあった。島嶼地域だけでなく、応急医療の弱点地域でも適時に治療を行えなくて、まともな助けができないことがよくあった。

少なくとも一時間以内に患者を移送できるシステムが必要だったが、現実的な条件は非常に不足した。仁川地域に医療基盤のある私は、その点がいつも歯痒かった。それで島嶼地域だけでなく、応急医療弱点地域からうちの病院まで

吉病院応急医療センター

急患を運ぶ病院船を運営するようなシステムを作りたかった。だが、島嶼地方に医療支援をしていた病院船が東シナ海側の南海《ナメ》で座礁する事件が発生し、私の構想にも暗雲が漂った。しかしだからといって、私の病院船の夢まで座礁したり、止めることはできなかった。

事実、島嶼地域や医療弱点地域の住民が適時に応急医療を受けられるようになるべきだという思いは、病院開設した後もずっと持っていた。そして、二〇〇一年からは韓国初の応急センターを運営することになった。私はその後、機会があればいつも、島嶼地域や医療弱点地域の急患の素早い移送と、応急処置のためのドクターヘリ導入の必要性を力説した。この私の提案が受け入れられ、韓国政府は二〇一一年、応急医療専用ヘリを仁川と木浦《モクポ》に配置し、運営する計画を発表した。そして吉病院は激しい競争を経て、仁川地域の応急医療専用ヘリの運営事業者に選ばれた。現在の吉病院が運営する西海圏域応急医療センターは、専門医八人と専攻医（専門医になるための教育を受けているインターンやレジデント）二〇人で構成されており、年中無休二四時間勤務体制で運営されている。

応急医療専用ヘリは応急医療装備が備わっており、医師が搭乗できる。このような医療装備は心臓と脳、外傷などを負った重症患者の移送のために必須だ。

うちの吉病院応急医療センターは二〇一〇年の一年の間、八万五〇〇〇余人の急患を診療した。これは仁川一位、全国二位に該当する規模で、このうち五・七パーセントに該当する四八〇〇人が重症患者であった。島嶼地域急患発生推移と島嶼地域外へのヘリ移送が必要な患者推移を根拠に予想してみると、二〇一四年まで二二〇〇余件のドクターヘリ患者移送需要があると見込まれている。

今後二人の専門医と七人の医療スタッフを追加選抜して、応急医療センターに配置するなどヘリ利用の効率性を高める計画も立てている。これと同時に、分野別で特化した重症外傷チームの専門医四一人と重症心脳血管チーム専門医二九人が、ヘリで移送される患者を即座に診療できる特化システムを備えている。

応急医療センターは、九年連続最優秀評価を受けた。そして今回のドクターヘリ導入でもう一度国内最高水準の圏域応急医療センターとしての位置を占めることができた。韓国で初めて始まる事業を運営することになったのだ。二〇一一年一〇月から運行を始めた応急医療専用ヘリはすでに二〇人の命を助けた。

にもかかわらず遅かったという感がなくはない。ドクターヘリがもう少し早く導入されていたなら、より多くの命を助けることができたはずだからだ。現在すべてのOECD加入国は応急ヘリを運営している。ところが韓国は今ようやく、仁川と全羅南道の二か所でヘリを運営するようになった。

恥ずかしい話だが、OECD諸国の中でびりである。いわゆる「晩時之嘆」（時期を逸した溜息）だが、それでもドクターヘリが運営されるようになったので少しは心が軽くなった。まだ現在の運航範囲は、江華郡全体と舞衣島《ムイド》、霊興島《ヨンフンド》、徳積島《トクチョクト》、蘇爺島《ソヤド》など五〇キロ圏内にすぎない。今後試験運航を重ねた後、安全性が確保されれば、さらに遠い白翎島《ペンニョンド》、大青島《テチョンド》、小青島《ソチョンド》、延坪島《ヨンピョンド》などの島々に拡大する予定だ。**ドクターヘリ運行の意味は、人間ならば誰も疎外されず診療を受けるべきだという、嘉泉吉財団の博愛奉仕精神が現実化した貴重な結果**だと自負している。

熱い心は通じる

米国から帰ってきて、一九六八年李吉女産婦人科を開業してから、私は一日も休まずに患者を診た。そのように我を忘れて時間を過ごしていたら、ふと目の前に立ちはだかるある壁のようなものが感じられた。総合病院でなかったので、仁川地域に住む急病患者を遠くにある大きな病院に送らなければならないことが多かった。急患は文字通り応急手当てをしなければならない。そんな患者を遠くの大きな病院まで移送しなければならない私の心情は、実にもどかしく息苦しかった。そのために治療時期を逃して死亡に至ることもあったので、私は、あたかも罪を犯したような心情に陥ったことさえある。

四三歳の時、私は再び学生になることに決めた。一九七五年に日本へ二度目の留学に向かった。米国で糖尿病と腎臓疾患を研究した日本病理学界の権威、竹内正教授の下で留学生活が始まった。

二年余の研究の末、医学博士学位を授与された。しかし、学位は私にとって副賞にすぎず、私が日本で見て勝ち得たのは、今後の韓国医療界が進むべき方向だった。日本は一九六一年から国民医療保険（国民皆保険）制を実施していた。一九七三年からは七〇歳以上の老人に破格の医療サービスが提供されるようになった。何よりも総合病院が充実しており、日本全国どこでも高度医療の恩恵を受けることができた。日本の先進システムが羨ましかったし、一方で韓国人が体系的な医療の恩恵を受けることができない現実がいつももどかしかった。日本でも韓国でも病気の人は同じだ。いい暮らしをしていようが、貧しい暮らしをしていようが、高い教育を受けていようがいまいが、すべての患者は差別なく治療を受けるべきだというのが私の信念だ。私は韓国民も日本人のように良質の医療サービスを受けるべきだと思った。

私が日本で習ったもう一つのことは、大型病院の運営システムだった。李吉女産婦人科は駆け込んだ患者によっていつも市場の雑踏のように込み合っていた。だが、日本の総合病院はそれよりはるかに多くの患者が駆け込んでも、いつも見えないガイドラインに沿って水の流れるようにスムーズに運営されていた。騒音もなく、混乱もなかった。何より不必要な待機、言い換えれば遅滞することがなかった。緻密に計算された病院運営システムのおかげだった。

一九七七年、日本から帰ってきた私は、新しい形の病院を準備した。医療法人の総合病院だった。それまでのすべての挑戦がそうだったように、周りの人びとの反対と心配によって引き止められた。医療法人を設立するのは、個人の全財産を社会に返すことを意味するからだ。もうこれからは個人財産や個人経営の時代ではないので、国家の管理監督を受けなければならず、すべてのことでいろいろな利害関係者の意見も調整しなければならないことを意味した。私個人の利益だけを考えたなら、残りの人生を静かに李吉女産婦人科を運営しただろう。だが私の胸の中にはすでに、国民の誰もが差別されることなく診療を受けるべきで、そのためには医療システムの再整備が必要だという確信があった。

一九七三年、医療法改正によって病院級以上の医療機関を開設するには、医療法人が主体にならねばならないという条項が書き加えられた。総合病院を設けるには法人を作らなければならなかった。だが、この法律が発効すると、個人が運営していた全国の「病院」中、一五〇余の小規模病院がむしろ「医院」として自ら等級を低めなければならないことがはっきりした。

開院当時の仁川吉病院

医院に降格しても、個人財産を社会に返すことはできないという意味だった。これが法人化に対する当時の医療界の一般的な雰囲気だった。そんな状況の中で、私は一般的な傾向とは正反対の道を選んだ。

一九七八年三月、仁川市中区仁峴洞《イニョンドン》（現在の東仁川吉病院のある所）に一五〇病床規模の医療法人「仁川吉病院」を開設した。当時はあまりにも医療法人化が珍しかったので、仁川吉病院の開設は医療界でも大きな話題となった。吉病院は先端医療機器と有能な医療スタッフを次から次へと備え、ソウルの大型総合病院に劣らない総合病院として成長していった。開設してさほど経たないうちに、インターン、レジデント研修病院として相次いで指定されたし、患者も爆発的に増え、三年後に病床数を二倍に増やすことができた。

吉病院開設当時、韓国の医療界は転換期にあった。医療保険制度が施行されたばかりで、医療機関は大型化され、ソウルでは患者のほとんどが総合病院を選ぶようになった。そのせいもあってか、医療法人吉病院は仁川圏域唯一の大型総合病院として確実に位置づけされた。だが私にとって、一等になることはさほど重要ではなかった。私が望んだのは、可能ならばより多くの患者をできるだけ診ることだった。そのために周りの反対を押し切って法人化を決め、その決定を推し進めた。医師や病院にできる最上の博愛は患者を治癒することなのだ。そして、一人でも多くの患者を診ることができるシステムを構築することが重要だった。

ビジョンを経営しなさい

成功した人生を拒む人はいないだろう。同じように失敗した人生を望む人もいないだろう。だが、「失敗した人生」についてのイメージは比較的、具体的なのに対し、「成功した人生」に対するイメージについては正確な答えをする人がそう多くない。他人よりお金を儲け、他人より多くの権力と名誉を享受することが、誰もが願う成功であろう。その基準からすると、私たちの周りに「成功した人」はかなり多い。だが、その人びとが誰も、自ら成功したと信じているのか、真心から幸せだと思っているかは疑問だ。

他人より多くのお金と権力を持つことが成功だとするなら、この世で本当に成功した人はたった一人にしかならないはずだ。お金の多い人は自分よりさらにお金の多い人を羨み、いつまでも自分を苦しませる。権力を持った人もまたより多くの権力を持とうとしてやってはならないこともする。ナポレオンは富と名誉、権力など人間が欲しがる欲望のすべてを手にしたが、島流し先であるセントヘレナ島でこのようにつぶやいたという。

「私の一生の中で幸せだった日はただ六日にもならない」

成功に対する自分だけの具体的な青写真を持っていなければ、成功した人生を送ることもできなく、幸せになることもない。地球上に存在する七〇億の人口が各自、多様な成功の道を探して努力する時に、世の中は豊かで美しくなるだろう。すると「成功した人生」というのは果たして何だろうか。**私は、成功だけは他人の基準で評価するのではなく、自ら自分を厳しく評価する基準を決めるべきだと考えている。**他人の基準に合わせると自然とお金や名誉、権力を求めて焦ることになる。

一人の人間の人生は何を持っているかではなく、どこに向かって行っているのかで評価されねばならない。いくらお金が多く権力が強くても、彼の進んでいる方向が正しくなければ、彼は失敗した人生を生きているわけだ。すべて自分だけの基準で、自らに一点も恥じることなく、「私自身は成功した」と言えるためには確実な自己点検と方向設定が必ず必要だ。いわば一パーセント内に入るという既得権や企業家ら、そして学者が正しい方向性を持って、私的なレベルでなく公の利益のために動く時に、その社会は変わり、成熟していくだろう。

今後は韓国も企業倫理と責任を強調されることがはっきりしている。単純に企業の収益を社会に配分しなければならないという論理ではなく、企業の長期的な戦略とともに顧客に確実な効果を与える貢献活動であるべきだという認識だ。だが、私が初めて公益経営という哲学を掲げた頃は、韓国の企業は利益創出にだけ没頭したあげく、企業が担わなければならない社会的責任と機能を軽視していた。そのせいで、私が文化や教育、医療分野で社会貢献活動をするのを嫌な視線で見つめる人も少なくなかった。

だが私は今後、韓国のすべての利益創出集団は、彼らの社会的な機能と責任を無視することはできないと思う。あえてノブレス・オブリージュ（貴族の義務。法人、企業の社会的貢献）を論じなくても、彼らがそれだけ成功したのは国民の助けが大きかったし、国民とその利益を分けなければならない。その分かち合いの形は、赤字が明らかに予想される医療弱点地域に病院を建てることかもしれないし、経済的な理由で勉強のできない青少年に奨学金を与えることかもしれない。このようにいろいろな人が集まってアイディアを共有すれば、意外に容易《たやす》く多くの人びとを助けることができる。

社会貢献活動が活発で、その歴史が長い米国の企業は、一九九〇年代半ばから先進社会貢献モデル開発に力を注いできた。一九九〇年代半ば以後からマイクロソフト社やＩＢＭ、ＧＥなどの大企業は、企業の余剰資産を活用した社会的な貢献度を一貫して測定してきた。これが企業のイメージ向上に大きな効果を与えるだけでなく、ブランドの認知度と大衆の消費、顧客満足度にも影響を及ぼすということを彼らはすでに看破していたのだ。

韓国でも公益経営の例はいくらでもある。かつて慶州崔《キョンジュチェ》氏の分限（富豪）は金持ちが三〇〇年間にわたって蓄えた富の秘密は「四方百里に飢え死にする人がいないようにしなさい」という遺言を守ったからだという話がある。自身の富を他の人に分けてあげることで、多くの人から尊敬の念と愛を受けたからこそ、代々富を蓄えることができたというわけだ。

企業経営も同じだ。収益創出とともに社会的な機能と責任を全うする企業は、信頼と尊敬を得る。顧客はできれば、自身が好む企業の品物を購入しようとするだろうし、それは売り上げに繋がり、企業に新たな収益をもたらす。

時折、事業家でもなく、専門経営者でもない私に経営哲学が何かと聞く人がいる。そのたびに、ふと過ぎ去った人生を振り返って、私の信念を点検したりする。でも、特別なことはない。私はただビジョンを持って仕事をしてきただけだ。そのビジョンは理想と現実、そして信念が調和を作り出した時に初めて実現されるということを私は経験的に知っている。**私のビジョンは、公益的な価値を経営してそれを実現することだ。そしてそれは人間に対する愛であり、それは博愛の延長線上にある。**

大事のために小さな利益には見向きもしない

「メディシンズ・グローバル（medicines global）」という団体がある。世界の奥地に必要な薬品を提供する団体だ。メディシンズ・グローバルに参加する冒険旅行家らは集まって、ベトナムやラオス、カンボジア、ネパール、チベットのような国々へ、徒歩旅行や自転車旅行をしながら薬品を調達する。病院はもちろん薬局さえもないところの原住民を助けている。

二〇一〇年、アフガンでは「国境なき医師団」のボランティア一〇人が原住民を助けていたが、タリバン軍によって命を落とす事件が起きた。それにもかかわらず、「国境なき医師団」は再びアフガンに医療奉仕に行くと発表したし、死に場所となるかもしれない戦場へ多くの医者たちが果敢に向かったのである。

安逸で平穏な人生があるのに、あの遠い奥地まで、命をかけて旅立つ医師たちの胸中にはいったい何があるんだろうか。人間に対する差別のない愛、すなわち博愛に対する熱望であろう。人間が直面する現実的な差別を超えて、お互いが平等に手を繋ぐ心、彼らの胸中にその美しい心があるからこそ可能なことだ。このような話をすると誰も胸までもがじーんとして温かくなるのもやはり、私たちの胸中にもそのような博愛の種が芽生えているからだ。人が人を愛することほど美しいことはない。そんな意味で医師という職業は、施して愛するのにふさわしいようだ。

楊坪吉病院

現在、嘉泉吉財団傘下には二か所の医療弱点地域に病院がある。ソウル近郊の楊坪《ヤンピョン》吉病院と韓半島（朝鮮半島）を分断する南北の境界、三十八度線に近い鉄原《チョルウォン》吉病院だ。二〇〇二年まで運営していた白翎島吉病院まで合わせると、三か所に医療弱点地域で病院を運営したことになる。大学を卒業し、ガウンを初めて着た瞬間から無医村への診療をしてきた私は、医療弱点地域の凄絶な環境と苦しみをよく知っていた。それで、一九七八年、東仁川《トンインチョン》吉病院の開設を準備している時に、最初から定款に「離島住民のための病院船の設置」という項目を明文化した。

楊坪吉病院と鉄原吉病院は、住民らの根気強い要請によって運営することになった。李朝時代の娘の父への孝行伝説として有名な「沈清伝《シムチョンジョン》」の故郷である白翎島は、住民の数が少なかったので、当初から赤字が予想されたが、島の住民のために奉仕するという気持ちで診療を始めた。だが嵩《かさ》張る一方の赤字に、弱点地域での病院の運営に限界を感じた。結局、白翎島吉病院は周囲の反対で

鉄原吉病院

やめざるを得なかった。赤字があまりにも肥大し、結局六年で手を挙げ、京畿道庁に代わってもらうことにした。しかし、この点は今もなお大きな心のしこりとして残っている。

弱点地域病院を運営してきたこの二〇余年間、一年も欠かさず毎年四～五億ウォン（四〇〇〇～五〇〇〇万円前後）の赤字を覚悟しなければならなかった。他人の目からするとこれも、馬鹿なことだったはずだ。実際に国家も大型病院もあきらめたことを私は引き受けたのだ。しかし、弱点地域での病院運営をしてどれほど大きな贈り物を受けたかを知る人は多くないだろう。その贈り物とは他でもなく、医療スタッフの態度の変化だった。

初めは泣き顔で仕方なく、嫌々ながら弱点地域の病院に赴任したのに、帰ってくると医者たちの間に変化が見えたのは大きな喜びだった。患者に接する態度がすっかり変わったのだ。彼らは医療弱点地域の劣悪な状況を自分の目で直接目撃し、そこに住む人びとの厳しい生活に接し、より親切で優しい医者になっていたのだ。自分を治療してくれる医師に対し、心から感謝する患者たちを見て、彼らが逆に感動を受けたのだった。医師は仁術を施す聖職であり、奉仕する人であるべきだという事実を改めて悟ったのだった。田舎の人びとの善良で優しい心が、医者を感動させたのだ。都市の医師として勤めている間、鈍ってしまいすっかり忘れていた人間に対する尊厳の気持ちを、彼らの心の底から引き出したのだ。医師は一人ではけっして存在できない職業であり、医師は人類の同伴者だという意識を悟らせてくれたのだ。「以心伝心」という言葉があるように、患者と医師の心がお互いに通じ合ったのだ。

ヒポクラテスは永遠だ

医術は仁術だ。もちろん病院の立場から見ると患者は「顧客」だが、医療関係者の立場からすると患者は顧客というより、「奉仕の対象」でなければならない。これこそが、医療関係者が社会に出た時に誓う「ヒポクラテスの精神」であり、「ナイチンゲールの精神」だ。忙しくて気が気ではなかった私が、新人の時期から機会があるたびに無医村へ診療に出かけたのも、私が定めた「ヒポクラテス宣誓」を単純な通過儀礼と感じなかったからにすぎない。

私は患者の健康と生命を第一に考える。

私は人種、宗教、国籍、政党、信条、または社会的な地位を超越し、ただ患者に対する私の義務を守る。

私は人間の生命を受胎した時から至高なものとして、尊重する。

たとえ脅かされても、私の知識を人の道から外れた使い方はけっしてしない。


私は医師を志してからは、私の「ヒポクラテス宣誓」に背かない生活を送るために努力したし、実際にそれができて幸せだった。保証金の不要な病院を作って、お金がなくて緊急な手術を受けることのできない患者に、治療の機会を与えることができて幸せだった。また、無医村の患者のために病院を建てることができて幸せだった。一度だけでも注射を打ってもらって死ぬのが望みだという人びとを治療するたびに、私は医師冥利に感謝した。だが、私がこれという責任感や功名心だけで奉仕の人生を追求したわけではけっしてない。

奉仕は私の喜びであり、やり甲斐そのものだ。私に他人への奉仕のできる機会と能力が与えられたのは、大きな幸運だったと思う。私が人材養成に力を注ぐ理由もここにある。いくら他人を助けてあげたくても力がなければ助けることはできない。誰かが私の精神を学び、その人の精神を二人が学び、その二人から三人が学び実践していけば、いつかこの地に真の医師があふれるのではないだろうか。

40余年間続いている子宮がん無料検診事業

公益財団である嘉泉吉財団傘下には吉病院と嘉泉大学の他に、嘉泉人材開発院、京仁《キョンイン》日報、嘉泉文化財団などマスコミと文化事業を展開する組織がある。新たな生命を与える運動や嘉泉弥鄒忽《ミチュホル》青少年奉仕団など、純粋な奉仕団体もいくつかある。これらはすべて非営利法人（NPO）だ。

今ではもうがんの危険性について知らない人はないが、六〇年代までだとがんという病名さえ聞いたことのない人が多かった。さらに、がんは初期には特に症状が表れないので、がん患者はほとんど手の施しようのない状態になって、やむを得ずに病院に来たりした。早期に発見さえすれば簡単に完治できるにもかかわらず、時期を逃したり、費用を準備することができず、虚しく命を失う場合が多かった。

私が一九六八年に李吉女産婦人科を開き、「保証金のない病院」とともに力を注いで推進したの

40余年間続いている子宮がん無料検診事業

が「子宮がん無料検診」事業だった。韓国では当時まで、莚《むしろ》を敷いて子供を産む環境で命を失う女性が多かったが、米国ではすでに六〇年代から子宮がん早期検診事業を行っていた。患者が産婦人科に来ると義務的に子宮がん検診を受けるようにさせていたのだ。それを見た私は、韓国に戻ったら必ず子宮がん検診を定着させようと決心した。

当初、無料だといくら説明しても患者たちは信じてくれなかった。言葉のうえでは無料だけど、実際に検査を受けたらお金を出せと言うのではないだろうかと心配したようだ。問題のない体を検査し、何もなかったのに病気でも生じるのではないかという疑心もあったようだ。結局私は、保証金のない病院を広報した時のように、病院の内外に大きく「子宮がん無料検診」と貼りつけた。幸いなことに時間が経つにつれ、真の意図と早期検診の有益さが知られ、事業は軌道に乗り始めた。

一九八〇年には吉病院内に子宮がん早期検診センターを開設し、無料検診事業を広めた。当時、韓国の医療水準で子宮がん検診ができたのは高麗《コリョ》大学病院とソウル大学病院ぐらいしかなかった。私は実力のある人を探すために、がん早期診断用スライドを二か所に送った。そして、その中でも実力のある人を迎え入れ、子宮がん無料検診事業を進めた。検診イベントに数千人が集まるほど、無料検診事業は成功裏に定着した。

吉病院の子宮がん早期検診事業を通じて気づかなかった婦人科疾患を発見し、治療したケースが多く、時には三〇パーセントに達した。「がんを早期発見して命を救われた」人たちも少なくなかった。今まで吉病院で子宮がん早期検診の恩恵を受けた人は、少なくても数万人に達するだろう。このような成果のおかげで、後には心臓病にまで無料検診事業を拡大することになった。

私の借金

李吉女産婦人科時代にうちの病院にしばしば出入りしていた永宗島《ヨンジョンド》婦女会長がいた。ある日、彼女が訪ねてきて永宗島の土地を買えと勧めるのだった。

「院長、将来、永宗島にロープウェーができるそうです。永宗島が観光地として開発されるそうです。それで、最近某財閥グループ会長が永宗島の土地を買い占めているので、院長も地価が上がる前に、ぜひ買っておいてください。開発が始まれば高くなるはずですから、先に買っておけば簡単に大金が手に入ります」

ざっと計算してみて、当時私の持っているお金なら永宗島の土地を全部買っても余るほどだった。七〇年代の開発ブームの中、全国的に土地を買いあさる人が猛威を振るう時代だった。もし私が不動産投資や蓄財に関心があったなら、恐らく永宗島を丸ごと買っていたかもしれないし、かなりのお金を儲けることもできたはずだ。だが、私は首を横に振った。

ある日、友人たちの集いに行くと、ある友人が新たなダイヤモンドの指輪をはめていた。誰もが一回ずつはめさせてもらい、そのきらびやかな光に感嘆の声を上げた。私も女なので、その澄んだ光が美しいと思った。だが、そのダイヤモンドの価格は三〇〇〇万ウォン(当時のレートで四千万円ほど)だというではないか。その話を聞いた瞬間、頭の中で、「そのお金なら超音波診断機をもう一台買えるのに……」という思いがよぎったものだ。

世俗的な基準から見ると、人びとは私が大きな財産家であると思うだろう。だが、私の財産は私のものではなくすべて公益財産だ。私がお金を儲けることに熱心だったら、大変な額を儲けることもできたはずだ。そのような機会も十分あったし、事業運も良かった。だが、私は私財を貯めるために生きようとは思わなかった。そのために吉医療財団と嘉泉大学を設立し、さらに別の大学なども引き取って、私の財産を全部公益法人に寄付した。私には自分一人のための個人財産はない。

お金は善なるものだ。お金をいやしく思ったり軽視せずに大切にし、正しく儲けるために努力するのは悪いことではない。ただ、正しい方法で儲けなければならない。「犬のように儲けて政丞《ジョンスン》（大臣）のように使いなさい」（韓国語では犬は最も侮蔑すべき下品な意味の譬《たとえ》として使われる。一方、政丞は大臣・権力者の意味で、犬とは反対の尊敬すべき品位のある人）という言葉は、手段と方法を選ばずになんとしても儲けろというのではなく、職業の貴賤を問わず、頑張って努力して儲けなさいという意味だ。

お金は儲けることに劣らず使うこともまた重要だ。吉医療財団は韓国社会が提供してくれたインフラと、いろいろな人びとの労働の結果だ。私のお金は私のものではなく、世の中がしばらく私に任せたものだ。お金は本質的に公共財だ。それ故に、責任感を持ってでき得る限り、最上の使い方をすべきだ。お金を使うということは、私にしばらく任されたお金を世の中に戻すということでもある。私は私の財産に対して、私と家族が暮らせて品位が維持できるほどあればいいと思っている。その他はどんな方法ででも周りと世の中に戻さなければならない借金にすぎないのだ。そして私は、その借金を韓国医療の発展と教育発展、人材養成のために返したいと思っている。

人を優先しなさい

延坪島医療支援事業

二〇一〇年一一月、北朝鮮が突然、延坪島《ヨンピョンド》軍基地と住民居住地域に砲弾を撃ち込んで韓国を衝撃の奈落に落とした事件が発生した。当時、延坪島の住民が受けた衝撃は、私たちの想像を絶するほど大きかった。私も国民の一人として、延坪島事件に対して心の底から怒りが出た。何よりも延坪島住民たちが直面した状況が不憫で、自然に地団駄を踏んだ。しかしながら、いつまでも不憫に思っているだけで、いいわけはなかった。私の力のある限り、彼らを助けなければならなかった。北朝鮮の延坪島砲撃当日、ニュースを聞くやいなや私は医療スタッフ三人と応急救助師を派遣し、医療奉仕活動を行った。その次に、本土にたどり着いた住民のために医療支援活動を行った。

かろうじて島から出てきた住民たちは、その時に初めてぞっとするような前日の晩のことを思い出して体を激しくわなわなと震わした。「待避所には電気が通じず、寒くて暗い所にロウソクをともし、一〇〇余人が怯えていた」と話す人もおり、また「もう帰れない。あんな所でどうやって暮らせる」と言いながら涙を流す人もいた。また、爆発の音に鼓膜が破れた人もいた。李《イ》創烈《チャンヨル》嘉泉医大応急医学科専門医は、爆弾破片を浴びたり、鼓膜破裂などの負傷を負った患者一〇余人を移送して治療するだけで精いっぱいだった。

　ひとまず急患は病院で治療したが、突然の事故で大きな衝撃を受けたはずの住民たちの心のケアが心配だった。あっちこっち調べると、延坪島からの避難民が仁川中区のサウナのような所に泊まっていることを知った。私たちはそこを訪ね、高血圧や心臓疾患の疑いのある住民に携帯用血圧測定器を与え、さらに需要が発生すれば追加で支援することにした。突然、避難民待避所となってしまったサウナを臨時の医療支援診療所とする一方、狭い所に多くの人が集まっていたから、流行性結膜炎や耳疾患、外傷後ストレス症候群などをあらかじめ治療するために医療スタッフを急派した。

　事件から六か月が過ぎた二〇一一年四月初旬、延坪島保健支所に医療奉仕団を派遣した。砲撃事件以後、延坪島住民たちが正常な生活を営んでいるか、追加的な治療を必要としていないか、などを調べるためだった。

二日にわたって行われた検診の結果、一部住民たちはいまだに外傷後の心的ストレスに苦し

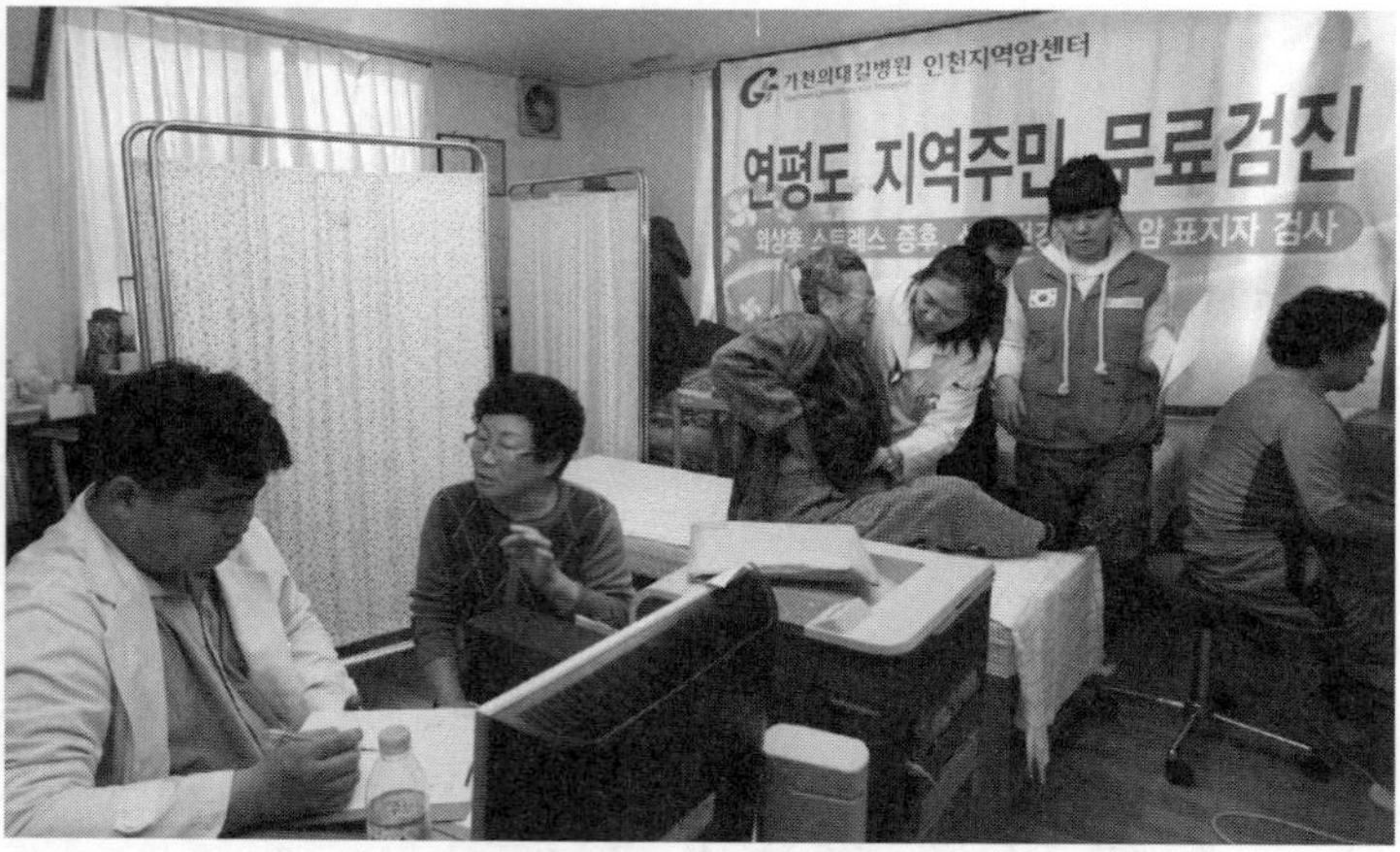

2011年４月、延坪島住民のための医療奉仕（ボランティア）

んでいた。診療所を訪ねてきた一〇〇余人の延坪島住民のうち、三七人が不安感と不眠症を訴え、検診を申請した。健診の結果、彼らのうち一三人は別途の精神科治療が必要と診断された。

ある住民は「本土での避難生活の中、心理的ケアを受けて好転したと思っていたが、島に戻って砲撃によって燃えた家を見て、当時の悪夢が蘇った」と語った。また別の住民の一人も、外傷後のストレスで入院治療を受けたことがあると言い、「病院では良くなったが、延坪島に戻ると、すぐに不安と焦燥感が再びひどくなった」と語った。

天災地変や交通事故、身体的な暴行のように深刻な身体的または心理的な外傷（トラウマ）を受けた後は、不眠に苦しみ、悪夢によって不安感を募らせ、怒りやすい症状が発生する可能性がある。集中力が欠けたりもする。これを急性ストレス障害と言い、このような症状が事件発生一か月後も続く場合、外傷後ストレス障害と言う。

外傷後ストレス障害になった場合、適切な治療を受けなかったら、日常生活に多くの支障をもたらし、患者の状況によるが、一〇パーセント程度が正常な生活ができなくなったりする。精神治療、認知行動治療、集団治療、露出治療など医療スタッフの判断の下で、いろいろな治療法を並行して行うのに何より重要なのは、外傷直後の自身の経験を話させることだ。他人に当時の状況を語ることで不安感の多くが解消される。

医療スタッフは、住民たちにこのような説明をする一方、私たちにできる最大限の努力をした。苦痛と絶望に陥っている彼らに少しでも希望を与えたかった。私たちの小さな助けで、彼らが「一人ではけっしてない。誰もが自分たちを助けようとしている」と感じたなら、それ以上に嬉しいことはない。人の助けこそ希望だ。医師は絶望に陥った人びとに希望を取り戻させる役割をする存在なのかもしれない。

お金がなくてもまず治療から

今では直接診療をすることはないが、私は今でも時間があるといつも病院を見回る。そのたびに、私に懐かしく挨拶をする患者や保護者に出くわすことがある。患者の顔を全員覚えているわけではないが、患者のほうが先に私に気づいて話しかけてくる。

「会長さん、私のこと、覚えていますか。以前、李吉女産婦人科で子供を二人も産みました」

「あ、そうでしたか」

一目で六〇歳は超えていそうな患者だ。

「私が白翎島に住んでいた時のことです。二番目の子供を授かった時に、突然羊水が破れたせいで、海上警察艦艇に乗せてもらい、真夜中に会長さんを起こして子供を取り出してもらいました。保証金もなかったんですが、会長さんのおかげで二人の命が助かりました。もう三〇年も前のことです」

そんな時は昔の友人に会ったかのように手を取り合って、しばらく立ち話をしたりする。長くは五〇年前からうちの病院で子供を産んだ母親たちが、今は嫁と娘の手を握って病院を訪れてきたこともある。三代が訪ねた病院となったわけだ。

米国から帰って李吉女産婦人科を開業してあまり時間が経っていない一九六〇年代のことだった。ある日、白翎島から運ばれてきた急患がいた。自然流産で出血が続く状況で、一日以上も船に乗ってやってきたのだ。白翎島は仁川から二二〇キロも離れていて、病院がなく、急患が発生すれば生命が危険な場合が多かった。ところがその危うい患者が、私を見るやいなやポケットの中からしわくちゃのお金を取り出すではないか。

「お金が足りませんが……まずはこれで……」

当時、韓国の病院では患者からまず入院保証金を取っていた。まだ医療保険制度が導入されなかったので、緊急に入院しては退院する間際になるとお金がなくて、夜逃げする貧しい患者もいたからだ。それで、病院は患者が入院する前に入院保証金を取っていた。病院が生き残るための苦肉の策だったのだ。当時多くの病院は、保証金を出さないといくら緊急を要する患者でも、診察を施さなかった。

緊急輸血をするなど、私に可能なすべての手段を動員して患者と赤ん坊を取り出し、何日か後に患者と赤ん坊は元気な姿で白翎島に戻ることができた。だが、その後も長く私は、その時の患者が差し出したしわくちゃのお金を忘れることができないでいた。お金がなくて治療を受けられない人がいてはいけない。それは野蛮だ。国が彼らを救済できなければ、私一人でもしなければならない。医師が貧しい患者を診てあげずに、追い出すのは道理ではない。過去の先人たちの言葉通り、人あってこそのお金であって、お金あってこその人ではけっしてない。この単純な言葉の中に宿った真理に、私は逆らいたくなかったからだ。

悩んだ末に「保証金の要《い》らない病院」という立て札を大きく作って、病院の内外に貼りつけた。だが、患者らは信じようとしなかった。同僚の医者たちは「李吉女はもう自滅だな」などと、コソコソ言い合っていた。だが、徐々に「李吉女産婦人科は本当に保証金を受けない」という噂が広がり始め、ますます多くの患者が集まった。周りが心配したように入院費を払わずに出て行く患者が全くいないわけではなかった。だが、より多くの患者が来てくれたおかげで、その程度の損害は充分に相殺できた。

ある日、実家のお母さんの助けを借りて病院を訪れた妊産婦が、下腹の痛みを訴えた。診断の結果、子宮外妊娠だった。

「今すぐにも手術をしなければなりません」

腹腔内出血が止まらなくて、産婦の命まで危険な状態だった。看護師に手術準備を急がせて、振り向くと患者のお母さんが妊産婦の腕を握って起こしていた。

「お母さん、何をしていますか」

「家に帰ります」

「いったい何を言うんですか。今すぐに手術をしなければ、娘の命とお腹の赤ちゃんは危ないんです」

「でも……お金がありません」

「ご心配無用です。うちの病院は保証金なんか要りません」

「でも、どうせ手術が終わったら、お金を請求されるのではありませんか。私たちにそんなお金はありません」

「まずは人を助けてからにしましょう。お金がないなら、後でもいいんですし、なければないでかまいません。患者さんは早くこちらに来てください」

保証金をなしにしたからといって、貧しい患者の問題が解消されたわけではなかったが、この事件から私は、診療室に入ってくる患者の身だしなみをじっくり観察する癖がついた。貧しそうな患者だと判断すれば、患者の診療記録の上段にこっそりと「X」の印をつけた。会計の職員が気を遣って割り引きするか、診療費を受けないでという表示であった。

祝日を控えたある日のことだった。あるおばあさんがマクワウリ一箱を持って診療室を訪ねてきた。わけがわからずにじっと見つめていると、もじもじと言葉を濁した。

「これ、私が育てたもので……この前は手術していただいたのに、お金も払えず……」

その時にやっと私は、その人がいつか子宮外妊娠で生死の境をさまよった妊婦のお母さんだったことを思い出した。無料診療を受けたり、入院費を負けてもらった人びとはこのような形で彼らなりの感謝の気持ちを表し、私を感動させた。

退院してからしばらくして、いくらかのお金を持って来たり、栽培した米や海で獲った魚を持って訪ねてくる患者がたくさんいた。そのために病院の玄関前の広場はいつも穀物や野菜、魚の入ったかごであふれた。何年が過ぎた後に、診療費とプレゼントを持って訪ねてくる方もいた。そんな患者らは数十年が過ぎても、嫁と娘の手を握って再びうちの病院を訪れてくる。より良い病院を訪ねようとするなら、あえてうちの病院でなくてもかまわないはずだ。こうした方々が今日の嘉泉吉財団を作ってくれたありがたい人たちだ。

真の喜びは奉仕

この頃、韓国の若者の間に、「スペック」という言葉が流行っているという。激しい競争社会で生き残るために、まるでパソコンのようにCPUはいくら、メモリーとハードディスクはまたいくら、モニターは何インチというように、競争者より優れた数値をあらかじめ備えておかなければならないというのだ。ところが果たして、「スペック」が私たちの生活の質を左右することができるだろうか。私は若者たちがより大きく、広い空間に目を向けるべきだと思っている。

最近、中高校では「奉仕活動点数《ボランティア》」が設けられている。これもまた子供たちに一定時間義務的に奉仕活動をするようにし、その結果を成績表に反映する制度だ。そこで、両親が代わりに奉仕点数を取るという笑えないハプニングも実際あるという。そしてまた、学生たちが奉仕現場に行き、問題を起こすこともあるという。

私が米国と日本で留学生活をしている時に驚いたことの一つが、情熱的なボランティア活動だった。米国にはほとんどの病院でボランティア活動がある。自分のボランティア時間を書いたカードを首に掲げ、いつも微笑を浮かべた顔で患者を見守る彼らの姿は天使そのものだった。日本では出勤時に、エプロンをつけて公園で自発的に清掃をするボランティアをよく見ることがあった。幼い時からこつこつと教育と訓練を通じ、奉仕と犠牲精神を身につけずにはけっしてできない美しい行動だ。

子供たちに、幼い時から奉仕する楽しみを教える方法はないだろうかと悩んだ末、一九九二年、「嘉泉弥鄒忽《ミチュホル》青少年奉仕団」を創設した。幼い頃から奉仕する喜びを学び身につけた子供たちが主人公になって生きていく世の中は、今より美しくなるだろう。嘉泉弥鄒忽青少年奉仕団は、「奉仕早期教育」のための団体だ。その当時、私は何度か仁川市教育庁を訪ねて助けを求めた。

「未来を導く次世代の指導者に真の奉仕精神《ボランティア》を教えてあげたいのです。小学校の学生会長を集めて子供奉仕団を作りたいので、手伝ってください。仁川のリーダーが韓国のリーダーになり、その子供たちの中から今後、世界のリーダーが輩出するではありませんか」

一九九三年五月、仁川市内の一一三人の小学校の生徒会長を団員とする嘉泉弥鄒忽奉仕団が第一歩を踏み出した。弥鄒忽とは仁川の古い名称だ。仁川の未来の卵が奉仕をしながら、リーダーシップを養うのが奉仕団の目的だった。団員は毎週養老院や保育園、障害者施設を訪問し、幼い子供でもできる仕事を探し、熱心に奉仕活動をした。養老院ではハルモニ（おばあさん）、ハラボジ（おじいさん）の肩をもんだり、一緒に遊び、お手伝いをした。障害者施設では食事の手伝いをし、車椅子を押して散歩する活動を行った。

このような奉仕を通じて子供たちは、社会には自分と違う生活を送っている人がいるという事実を知った。自分の小さな手助けが誰かにとっては大きな力になるという事実を悟ると、自分がどれほど大切なことをしているのか自覚するようになる。これこそが奉仕教育のプロセスだ。

嘉泉弥鄒忽青少年奉仕団、夢の木（クムナム）

私は、真のリーダーとは、学問だけが最高だと思わず、隣人への愛と奉仕精神を兼ね備えた人だと思う。そこで一九九七年からは、子供たちがグローバルなリーダーに成長できるように、海外研修を支援し、吉病院研修院で月例修練会を行う一方、克己訓練などを通じ、強靱な体力と精神力を身につけられるようにした。生徒たちだけでなく親に対して、奉仕教育の重要性を知ってもらい、望ましい子供教育についての講義と討論を進めた。勉強する時間もない子供たちに奉仕活動とはなんだと言う親をまず先に変えるべきだと思い、設けたプログラムだ。仁川市の教育庁と学校がうるさいので子供を送るが、心の中ではそれほど好ましく思わない親たちもいた。ところが今では、子供たちとは別にお母さん会やお父さん会を構成し、有益な情報を交換する一方、親睦も深めている。

小学生の時から始めた子供奉仕団員《オリニ》は、時の流れとともに中学校と高校、そして大学に進学するまでに育った。そして名称も、子供隊から、ハン友会《ボッ》、嘉泉会へと成長した。今まで嘉泉弥鄒忽子供・青少年奉仕団員として活動した子供は、合計二三〇〇人以上に達する。その子供たちが一人、二人と社会に出ている。ハーバード大に合格したある奉仕団員は、米国に渡る前に私を訪ねてきてこのように話した。

「奉仕を通じて自分が他の人より多くを持っているという事実を知りました。私がどれくらい大きなことのできる人なのかもわかりましたし、私の助けを必要とする人がこの世の中にどれほど多くいるのかも知ることができました。私にそのような大切な機会を、自覚の機会を与えてくださって本当にありがとうございました」

奉仕は人間に対する愛なしでは不可能だ。**人間に対する愛は、自分を愛することでもあり、さらにひいては自分の家族と社会、そして祖国を愛する種だ。奉仕こそ公益に進む元肥《もとごえ》である**という考えは今も変わりない。

二〇年前の約束

二〇一〇年二月、吉病院には今まさに「ナイチンゲール宣誓」を終えた新しい家族が入ってのだ。

おもしろいのは、そのうちの四名が同じ年齢、同じ家、同じ顔ということだ。四つ子の黄《ファン》ソル、スル、ミル、ソリが看護師国家試験に合格し、私たちの病院の新任の看護師となったのだ。

この四つ子は確か、一九八九年の春、私たちの病院で生まれた。父親は江原道三陟《サムチョク》で鉱夫として働いていた黄永天《ファンヨンチョン》氏で、お母さんの李奉心《イボンシム》は子供たちを産むために、仁川の実家に帰っていたが、予定日の前に羊水が破裂してインキュベーターのある私たちの病院に応急搬送されてきたのだった。

明け方三時、知らせを聞いた私は宿舎を飛び出し、陣頭指揮をし、産婦人科科長が執刀した。幸い帝王切開は成功し、四つ子は元気に生まれて出た。とっても可愛くて愛らしい一卵性の四つ子だった。早産だったせいで、すぐにインキュベーターに入れられたが、四つ子の健康に問題はなかった。しかし、両親は少なくないインキュベーター費用と手術費が準備できなくて悩んでいた。

初めて四つ子を妊娠したことを知った当初、江原道太白《テベク》の産婦人科医師は、出産時の危険を考慮し、一人だけを産むことを勧めたという。だが夫婦は、危険を冒してでも、四つ子みんなを産むことを強く望んだ。家賃二万ウォンのひと間に住む境遇で四つ子を産むということは、産みたいという意志とは関係のない問題だった。夫婦の話を聞いて、私は慰めた。

「手術費は心配しないで、健康管理にだけ気を遣ってください。子供たちが大きくなったら、

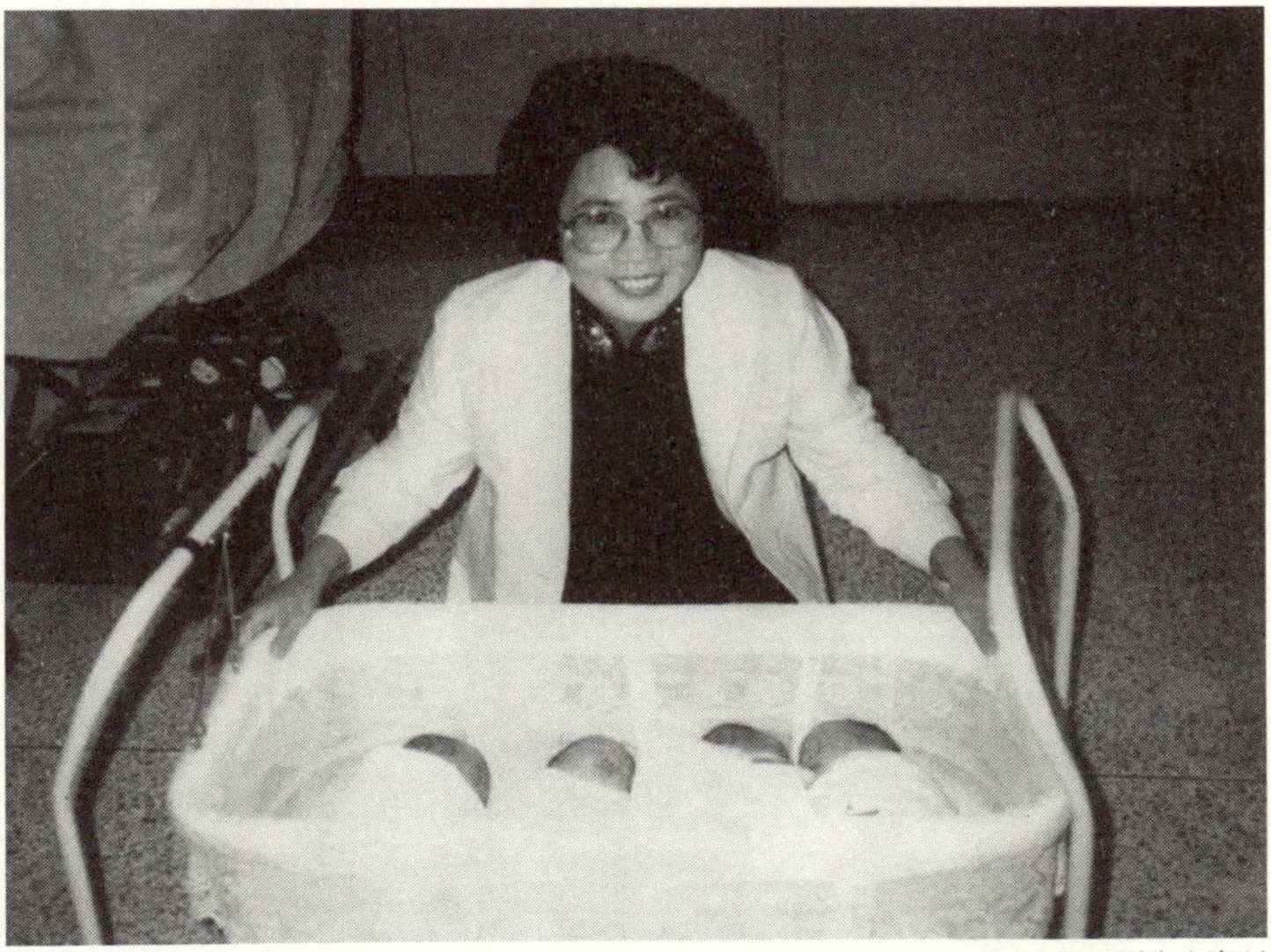

四つ子の誕生を喜ぶ

私が大学入学金と授業料を出します。四つ子が無事に生まれたことだけでも、うちの病院にとっては大きい祝福です、自慢です」

四つ子が生まれる確率は七〇万分の一にすぎないという。その子供たちがうちの病院で生まれたことだけでも感謝すべきことだ。暮らし向きや命の危険を冒してでも、大切な命を取り出そうとした夫婦と愛らしい四つ子が元気にこの社会の一員になることに、少しでも役に立ちたかった。

「ありがとうございます。本当にありがとうございます。どのように恩返しをすればいいのやら……」

「もちろん子供たちの意志が大事ですが、大きくなって看護師もしくは医師になるとよいですね。皆さんの助けを借り、このように生まれてきたのですから、世の中に奉仕して生きるのも意味のあることだと思います」

夫婦は感謝の気持ちでいっぱいで、感無量となって、四つ子を連れて退院した。それから二〇年以上も、私はその夫婦と四つ子のことをすっかり忘れていた。その間、新しく大学を二つ運営するなど私の身辺に大きな変化があり、忙しかったからだ。

そんなある日、アルバムを整理していて、偶然あの時に四つ子と一緒に撮った記念写真を発見した。その時私は、彼女らの親と交わした約束を思い出した。私は急いで四つ子の居場所を探した。子供たちは京畿道龍仁《ヨンイン》に住んでいた。鉱夫だった両親は、肉体労働と露店をしながら、今も貧しい暮らしをしていた。生活保護対象者であり、政府から補助金を受けなければならないほど貧しい暮らしだったが、ありがたいことに四つ子は美しくて正しく育っていた。勉強のできも良く、二人は水原《スウォン》女子大看護学科に、他の二人は江原道江陵《カンヌン》の永同《ヨンドン》大看護学科に合格していた。

その知らせを聞き、感極まって涙を流さんばかりだった。四つ子の家族は看護師になって社会に奉仕してほしいという二〇年前の私の希望と頼みを守っていたのだ。だが、貧しい暮らしの中、四つ子の入学金と授業料を用意しなければいけないと思うと、溜息をついているはずの親の心が目に見えるかのようだ。

二〇〇七年一月、四つ子の誕生日に私は黄さん一家を招待した。その場で子供たちの大学入

看護師になった四つ子と一緒に

学金と授業料を渡し、こう提案した。

「子供たちが勉強をして看護師になったら、必ずうちの吉病院に来てください。私たちと一緒に仕事ができるようにしてください」

そしてまた三年後、その子供たちが私のところに来て、私は二〇年前の約束を守ることができた。

「勉強を頑張って必ず立派な看護師になります。病気で苦しむ方々のために生きます」

出勤初日、あまりにも似ていて誰が誰なのかも区別できないお嬢さんらが私を訪ね、声を合わせて立派な抱負を誓う時、私は何も言えずただ強く抱いてあげた。

韓国には「蒔いた分だけ収める」ことができるという言葉がある。博愛と奉仕の種を蒔くことこそ最も価値のあることだと、改めてもう一度気づいたものだった。

人事が万事

仁川市九月洞《クウォルトン》の仁川市庁周辺には多くの道をはさんで吉病院本院や各種付属センターなどがあちこちに建ち並んでいる。他の大型総合病院のように、広い敷地に整然と配置されていない理由は、初めから広い敷地を買い取ってから病院団地を設計したのではなく、一九八七年に初めて本館を建ててから、必要に応じて近隣の土地を少しずつ買い足し、大きくしたからだ。その過程で時には問題も起きた。

心臓センターと眼耳鼻咽喉センターの間に地下道を造る時のことだった。心臓センターが先に建てられ、眼耳鼻咽喉センターが後から建てられたので、移動するには建物の外に出て、再び他の建物に入らなければならないという不便な配置だった。患者はもちろん医療スタッフも不便さにはことのほか手を焼いていた。そこで二つの建物の間の土地を買い取り、地下連結通路を造ろうとした。だが、いくら説得しても地主が土地を売ろうとしない。

「理由は何ですか。相場よりも高く買いますから」

「それが、うん、それがですね……」

担当者は言葉を続けずに、もじもじしているばかりだった。

「高い値を言われましたか」

「そうでなく……実は、会長が湖南《ホナム》（全羅南北道）の人だからと……」

あきれてものが言えなかった。他の理由でなく、単に私の故郷が湖南という理由だけで、土地を売らないと言うのだ。いまだにそんな人がいるということに腹が立つよりも、あきれてしまった。だが、そんな感情で解決される問題ではなかった。湖南に対する偏見を持っているし、その先入観で、私のことを嫌っているのではないのか。

「その人がそのような考えを持ったのには、それ相当の理由があるはずです。私が直接会いに行きます」

だが、地主は会ってくれようともしなかった。土地を売るつもりもないから、会う理由もないと言うのだった。私はそれでも何度も辛抱強く説得し、ついに会うこととなった。準備した手土産を差し出し、私は聞いた。

「どうして土地を売ってくれないんですか」

「その理由をなぜ話さなければなりませんか。売りたくないから話す必要もありません……」

「でも、気になるでしょう。売ってくれなくても結構ですから、話してください」

私が終始笑顔で接すると、その方の表情もやわらいだ。だが、土地問題に関しては頑固なままだった。結局、初めての時は、顔を見ただけで帰ってきた。このように私は二か月間、その方を何度も訪ねた。土地の話はさておき、あれこれ世間話をしながら、食事をしたり、お茶を飲んだりして、人間的な障壁を解消しようと努めた。そんなうちに自然と「兄さん」「妹」という仲になった。

その方が結局考えを変え、私に土地を売ると決心したのは、私に対する信頼が積もった結果だった。なにがなんでも土地を買おうとしたなら、他の方法もあったはずだ。だが、私は「湖南の人間だから嫌いだ」というその方の考えをどうしても変えさせたかった。

私が女性で初めてソウル大医学部同窓会長になると、「女のくせして同窓会長とは」と白い目で見る先輩たちがままいた。さらに、私の同窓会の運営の仕方にあからさまに反対する人もいた。だが、私はよりその方に最善を尽くして心から接した。何よりも「女のくせして」という考えを変えさせたかった。初め私がしようとすることに理由もなくことごとく反対した人も、後には私の最も積極的な支持者となった。その方々のおかげで私は同窓会長を一〇年間も務め、小さな結実ではあるがいくつかのことを成し遂げることができた。

韓国ではしばしば、人事が万事だと言う。この言葉は、経営現場で主に使われているようだ。だが、人生でも人事が万事なのだ。社会的動物である人間にとって、人ほど重要なのはない。私たちの悩みと不幸のほとんどは人のせいで生じ、やりがいと幸福もまた、人のせいで生じる。それで私たちはいつも人間、すなわち人の「間」にいる。幸せな人生のために、より良い人生を送るために、私たちが何よりも人間関係に努力しなければならない理由もここにある。

誰かが私の人間関係をほめると、私は冗談のようにこのように答えている。

「人びとが私のことを好ましく思うからです」

謙虚とは言えない話のように聞こえるかもしれないので、ひとこと付け加えておきたい。

「なぜなら、私もまた、人びとのことを好ましく思うからだ。私の好きな人が私を嫌うわけがないではないか」

言葉や行動として表に出さなくても、人びとのうち、誰が私のことを好ましく思うか、そうでないかが直観的にわかる。**誰かと円満な関係を持ちたいなら、見せかけでなく、心からその人のことが好きにならなければならない。**

私は今まで生きてきて、一度縁を結んだ人とは、ただの一度も軽々しく接したことがない。家族や財団の職員のように、私の周辺で私を助けてくれた人はもちろん、私たちの病院を訪れたすべての患者、嘉泉大の数多くの学生たちや教授、職員たちにもありがたい気持ちでいっぱいだ。あまり多くて誰かれの顔は記憶できなくても、誰かが先に私を知っている振りをすれば心から嬉しくて微笑んでしまう。私がそうだから、その人たちもまた私のことが好きなはずだ。

「金は天下の回りもの」という言葉がある。だからこそ、お金は失うことも、得ることもある。しかし、人は一度失えば取り返すのは難しい。

私には人に対する時の原則がいくつかある。

一つは、**いつも私の周りと私の一番近くにいる人が最も重要だ**と考えている。私の周りにいる人びとを幸せにすることができないのに、社会的な大事を成し遂げようとするのは、砂上に楼閣を建てるのと同じだと思っている。うちの家族、友人、職員など、近くの人びとから尊敬と愛、信頼を得なければならないと思っている。

二つは、**自分からいつも正々堂々と、仕事をする人でなければならない。**当然だが、周りの人びとから信頼を得るには「信頼できる人」にならなくてはならない。

三つは、**自分から率先垂範する**ことだ。私が誰かに望むことがあるとしたら、それが何であれ、自分から先にやればいい。他人が自分のことを好きになってほしいのなら、自分から先にその人を好きになり、また気を配ってほしければ、自分のほうから先に他人に気を配ることだ。そして、信頼されたいなら、自分から先に人を信頼しなければならない。真心からの率先垂範こそ勝利に導く処世術だ。

四つは、**他人には寛大でも、自分には厳格でなければならない。**「待人春風　持己秋霜」という言葉がある。その意味は、「他人には春風のように温かく接し、自身の過ちには秋霜のように厳しくすべきだ」という意味だ。他人の欠点を前にして不平を言い、小言を言うのは容易だが、その間違った人を許して理解し、その人の長所を探して認めることは、原則を立てて追求しなければならないだけに、難しい。また、他人に向かいやすい批判的な見解を、逆に自分に向け、不断に人格をアップグレードしていけば、いつかは他人の心をつかむことができる。

五つは、**この世の中で最も大切なのは、人間だ**ということを常に肝に銘じなければならない。人生においてはややもするとお金や名誉、自尊心などに引きずられ、真に大切なものを逃す時がたびたびある。より幸せな人生、より良い生活を送るために忘れてはいけないことは、人こそかけがえのない大切な存在ということだ。**「人事が万事」だというのは、こういう意味が含**

まれている。人こそ何ものにも換えることのできない資産だ。

相手の立場になって考える

三つ子の魂百まで

二〇一〇年六月二八日、一歳から三歳の幼児の保育を社会が世話をするという趣旨で開設された「三歳《セサル》の村《マウル》」がオープンした。「三歳の村」は子供たちの正しい教育は三歳から始めるべきであり、三歳以前にきちんと育てねばならないという意味から始まった運動であり、事業だ。かつて韓国の地域社会では、他人の子供が過ちを犯すときちんと叱って教育する、育児共同体的な文化風土を持っていた。このような村の育児共同体概念を、三歳と組み合わせたのだ。

韓国は現在、世界最低水準の出生率という恥ずかしいレッテルを貼られるようになってしまった。そのうえ、核家族化となって育児に対する責任はすべて両親のものとなってしまった。こんな時代だからこそ、新たな出産育児文化を作るべきだという趣旨から始まった運動である。

「三歳の村」のために二〇〇九年の春から一年間、着実に準備をしてきた。李御寧《イオリョン》顧問のアイディアを掲げ、私も「三歳」の意味がどれくらい重要なのかを改めて悟った。「三歳の村」は単純な出産奨励キャンペーンではけっしてない。今後韓国が二一世紀を担う子供たちを正しく育てようという意図だ。国家や社会が立ち上がっていつかはすべきことだったが、幸い機会に恵まれたので、私が先に突っ走って行くという気持ちで始めることになった。気持ちだけなら行動の伴わない単なる哲学にすぎないが、財団に大学と病院があったから、有機的な協力が可能だったのだ。吉病院では多くの新生児と両親たちに接することができたし、嘉泉大乳児教育科の教授たちが声援してくれたおかげで、難なく「三歳の村」をオープンすることができた。脳科学研究所にはアジアで一台しかない七テスラ級（数字が大きいほど解析度が高くなる）の超高磁場先端MRIで胎児の脳研究を進めている。

「三歳の村」は生命運動でもある。六〇～七〇年代にはお金を持たずに緊急の状況で病院に運ばれてくる妊婦が多かった。そのたびに治療費を受け取らなかった。すると妊婦のほうからこう尋ねた。

「先生、この恩をどう返せばいいんでしょう」

「この赤ちゃんを韓国の人材に育ててくだされば、それでいいんですよ」

産み月に入った頃、妊婦にこのように話した。

「もうじき子供が生まれますが、最初にどんなお言葉をかけるか考えてみてください」

すると妊婦は深刻な顔をして悩み始める。その後、赤ん坊が生まれた時、赤ん坊を母に手渡しながら、お互いの心臓の鼓動が聞けるようにしてあげた。しかし残念なことに低出産によって、最近の女性たちはそのような、生まれた瞬間の母子のまたとない経験をする機会が減っている。

地域社会では赤ちゃんの泣き声や子供たちの騒がしい声が聞こえねばならない。フランスは積極的な低出産対策を断行し、減少していく人口を増やすことに成功した国だ。フランスでは女性が妊娠診断を受けると、国から手紙が送られてくる。

「妊娠を心からお祝い申し上げます。あなたに授かった赤ちゃんは、あなたはもちろん地域社会と国がともになって育てます」

嘉泉大「三歳の村」でも赤ん坊を授かった女性に手紙を送っている。それだけではない。さらに、誕生から一〇〇日目には二人一組で構成されたボランティアの奉仕団、「誕生祝賀団《タンセンチュッカダン》」が、赤ちゃんの一〇〇日を祝ってくれる。「誕生祝賀団」は両親には科学的な育児情報を提供するために、養育および教育経験の豊かな育児専門家一人とボランティア一人から構成されている。そのために、「誕生祝賀団」で活動する男女大学生は、人形で子供を抱く方法まで練習している。大学生にとっては、こうして未来のママやパパになる教育をしているのである。

また、「三歳の村」は科学的に育児方法を確立させる事業も行っている。赤ん坊がお腹を空かして泣いているのに、ママは泣いている理由がわからず、集中治療室を訪ねてくることがある。「三歳の村」では赤ん坊の泣き声のパターンを体系的に分析し、お腹が減った時、おむつが濡れている時、眠たい時などそれぞれの泣き声がどのように違うのかを分析し、両親が周到綿密に対処できるようにする予定だ。これにとどまらず、乳児教育科と脳科学研究所、総合病院まですべてを備えた嘉泉吉財団は、赤ん坊をおんぶする方法、眠らせる方法など伝統的な育児方法の長所を科学的に一つずつ検証している。そのようにして集めた経験とデータが一〇年、二〇年積もると、父母の教育にも良い資料になるだろう。例えばパパがスキンシップを頻繁にしてあげると、赤ちゃんが元気に成長したというような結果まで得ることができるだろうと期待している。

「三歳の村」は初めの試みで、これから妊娠と出産、三歳までの教育に当たって、韓国ではトップになるものと思われる。「三歳の村」は表面的には育児問題のように見えるが、生命に対する尊重と愛を植えつける運動でもある。現在はソウルと首都圏一帯で繰り広げられている運動にすぎないが、今後は韓国全土に拡散させるのが、私の目標だ。

昔から「三つ子の魂百まで」という。三歳までをきちんと育てれば、その後は明るいという意味だ。**三歳保育は結局、韓国の未来のための最も基礎的な教育なのだ。**

すべての人を平等に愛せよ

少し前韓国で、ヒューマン感動ドキュメンタリー『泣かないでトーンズ』という映画が評判を呼んだことがある。多くの人びとがスーダンのシュバイツァーと呼ばれる李泰錫《イテソク》神父の行動を観て、真の愛の意味を悟り、涙を流した。トーンズはアフリカ・スーダン南部の村だ。蒸し暑くてあらゆる病気が乱舞するこの村で、神父であり、医師であり、指揮者であり、建築家である李泰錫神父は笑顔を絶やさず、犠牲と奉仕の日々を送った。

南と北に分かれたスーダンは、長い間の内戦を体験し、全土は怒りと憎しみ、そして貧困と病気にあふれていた。命がけで家族と牛を守るために戦うティンカ族。強靭さと勇猛さの象徴である彼らにとって、涙を流すことは恥だ。どんなことがあってもけっして泣かなかった彼らを泣かせた男こそ、故李泰錫神父であった。四八の若さで命を落とした李泰錫神父は、自身のすべてを捧げて彼らに奉仕した。その愛こそが強靭なティンカ族を泣かせたのだ。この映画を観た人びとは、「世の中にこのような無条件な愛もあるんだ」という事実に、涙を流したようだ。彼は語っていた。人の大きさは愛だと。誰も気にしない貧しい人を治療し、関心と愛で見守った李泰錫神父の愛こそ、宇宙より大きくて偉大だ。彼は「すべての人を平等に愛せよ」という博愛の精神を全身全霊で実践した。彼の人生を見て私は、博愛と奉仕を旗印に掲げた嘉泉吉財団の昨日と今日を振り返った。

私が医者になろうと決心したのは、お金を儲けて名誉を得るためではなかった。私は病気で苦しむ貧困でかわいそうな人びとをひたすら助けたかった。幼い時、腸チフスにかかったが、治療といえるような治療を受けられずに死んだ私の小学校の友人のスニや、肺炎で三五の若さで亡くなった私の父のように、医療を受けられず命を落としたり、苦しむ人がいてはならないというのが私が医者を志した動機だった。

私が幼い時には韓国中どこも乞食が多かった。乞食がうちの家に来てもの乞いをすると、母は必ずご飯をよそい、膳を調《ととの》え、私に乞食に持って行くようにと言いつけた。祖母は道で震えている人がいると、着ていたトゥルマギ（韓国の伝統的な外套）を脱いで渡し、本人は震えながら帰ってくる人だった。私は母と祖母を見て、幼い頃から施しの心を養い、奉仕の人生がどれほど嬉しく、楽しいことかを知るようになった。

子供たちを二つのグループに分けて、一つのグループに提案した。

「君たち、この画用紙に素敵な絵を描いたらパンを一つあげるよ」

そして、もう一つのグループには、画用紙とクレヨンだけを与えて絵を描かせた。

「さあ、君たちが描きたい絵を思うままに描いてごらん」

初めにはパンという褒美をもらおうとする子供たちのほうがはるかに熱心に絵を描いた。だが、時間が過ぎて実験が繰り返されると状況は一変する。絵を描くことに熱心になったのは、何の褒美も約束されなかったグループだった。褒美を約束されたグループはパンをもらった後、もう大きな褒美がないから、すぐに嫌気を出した。だが、何の褒美も約束されてないグループは、絵を描くことそのものの楽しみに没頭したのだ。

この有名な心理学の実験は、人間がお金や名誉のような外的な動機づけよりも、やりがいや自負心などの内的な動機づけを通じて、より一層創意的で積極的に行動するという事実を表している。これまでの経済学理論などは、「利己的な人間」すなわち「ホモエコノミクス」な存在を前提としていた。ひとことで人がいかなる選択をするかは、自分の物質的な利益を最大化する方向に行動するという見方だった。だが、実際に人びとは経済学が規定した通りには行動しない場合が多い。例えば、公正性や公共性などの変数が利己心より優先される場合が少なくないということだ。古典経済学と現実経済のこのような乖離を解消するために生まれたのが、いわゆる「行動経済学」だ。

ある目標を推進することに当たって大義や名分が確かでなければ、そのことは最後まで支えられない。人間は経済的な動物であると同時に社会的な動物でもあるからだ。**「嘉泉吉財団」が柱としている大義は「博愛・奉仕・愛国」である。**これに対し、若い世代の間では旧態依然だという反応も少なくない。だが私は、初めて医師の道を歩き始めた時から、今日の嘉泉吉財団を成し遂げるまで、一貫して変わらず大事にしてきたモットーが今述べた「博愛・奉仕・愛国」だ。**その中でも私が最も大切に思うのは、すべての人を平等に愛する博愛精神だ。博愛でこそすべての価値の基礎だ。**

説明の上手な医師に

相談や教育、治療過程では特に相互協力が重要だ。そのためにはサービス提供者と収容者との間に人間的な信頼をまず築かねばならない。これを心理学では「ラポール（人との協調、信頼関係）」と言う。まずラポールが築かれれば、治療過程が円滑になり、その効果も倍増する。収容者の忠誠度が向上するのはもちろんだ。

人びとは私のことを、事業感覚を生まれながら持つ人だと言う。だが、それは私をよく知らないで言っているにすぎない。私は今まで病院を運営して、特別なマーケティング戦略や経営法を追求したことなど一度もない。**患者が医師を全面的に信頼できるように、患者に真心で接すること、これだけが私の唯一の経営戦略だった。**

私は一九六〇年代に米国に留学し、先進的医療システムを実際に経験して帰国した。その時、私が見た米国のすべての医療現場は、文字通りそのままお手本となったし、医学者として学ぶべき教科書であった。

米国でのインターン時代、内科に配属され、肺炎にかかった白人の老紳士を回診した時のことだった。彼は自分のかかっている病気の病原菌が何かはもちろん、治療のために打たれたペニシリンの容量と効果、そして副作用まで驚くほど詳しく知っていた。さらに三日後には退院できることまで知っていた。あたかも、医師が医療記録を読むかのように、自分の治療過程を詳しく知っているので私はびっくりした。それは、医師が患者にわかりやすく、そして繰り返し繰り返し説明しなければ、不可能なことだった。米国の医師はすでにあの当時から、患者の知る権利を尊重し、忠実に説明する義務を果たしていたのだ。いわゆる「インフォームド・コンセント」だ。それは相手の立場に立たなければ不可能なことだ。彼らは医師である前に、自分がもし患者ならという仮定のうえで、患者の立場を考えていたのだ。

私も医師ではなく患者となって手術台に上がり、米国の医療システムを経験したことがある。卵巣に拳ほどの瘤ができて、除去するために一般の患者のように手術室に入った。いくら医師でも患者の身になってみると、震える心を隠せなかった。「もしも手術が過ったらどうしよう、まだすべき仕事が多いのに……」。その短い時間に、多くの考えが頭の中を駆け巡った。不安に思う私の心を察したのか、担当医が私の手を握って言うのだった。

「治療はうまくいきますから、心配なさらないでください」

医師のこのひとことがどれほど気持ちを楽にしてくれたか、今も忘れられない。この言葉で、私は担当医を信頼することができ、安心して手術室に入ったのだった。

現在、嘉泉医大吉病院と姉妹関係にあるトーマス・ジェファーソン医大のコネルラ教授は、「良い医師とは何か」というテーマで学生たちを教えている。彼は私の友人でもあるが、二〇年近く学長を務めた彼の一番目の持論は、「医師は患者をできるだけ早く、しかもちゃんと治さなければならない」ということである。言い換えれば、これは実力のある医者にならねばならないという意味だ。彼の二番目の持論は、「説明の上手な医者になれ」である。患者に病気についてのすべてを教育するように詳しく、しかもわかりやすく話してあげるべきだというのだ。患者の知る権利を尊重し、大切にする米国の先進化された意識をかつて経験した私としては、一〇〇回も一〇〇〇回も同感する。そして三番目は、「総合的なマインド、すなわち経営まで考慮する医者になれ」というものだ。つまり、診療なら診療だけ、研究なら研究だけに夢中になる医師は、一〇〇点ではないということだ。

私がさらにこれに一つ付け加えるなら、**「心で治療しなさい」**だ。人は感情の動物である。私が相手に良い感情を持って接すると、相手もそれを感じ取って私に好意的に近寄る。だが、反対に私が患者を、お客さんに接するかのように接すると、同じく相手も私をお客さんのように接する。治療において医師と患者の心の絆がどれほど大切なのかを知っている私は、患者をいつも家族のように心から見守ろうと努めている。絶えず相手の立場を推し量ること、これは医師と患者だけでなく、すべて人間関係で必要なことであろう。

心医の道

中国で最も古くから広く使われてきた国語の教材、『三字経』には、とても親孝行の幼い黄香が父の布団を自分の体温で温めたという故事が出ている。このエピソードは、相手の立場から推し量り、相手のために心を寄せた人の話だ。このように、心には温もりがあり、目には見えないが皮膚ではっきりと感じることができる何かがある。真心で相手に接する人はわざわざ口で話さなくても行動の一つ一つからその気持ちがにじみ出てくる。

私がソウル大学医学部を卒業後、友人と一緒に仁川で「慈聖医院《チャソン》」を開いていた時のことだ。ある日診察しようとして患者の胸に金属の聴診器をつけると、患者がびっくりするのではないか。冷たい金属が素肌に触れて、背筋が寒くなったのだ。ささいなことだが、しかしそれは意味深い悟りの瞬間だった。その日から私は聴診器を胸に抱く習慣ができたし、私の体温でほどよく温められた聴診器は患者を驚かせることがなくなった。

病院は、体と心の調子が悪くて、治療のために苦痛で不安な気持ちを抱えた人たちが訪ねてくる所だ。しかし、病院に入った瞬間、襲いかかる鼻を刺すような消毒薬の臭いは、安心どころか患者をより一層不安にさせる。さらに、鋭い機器などが肌に触れた瞬間、不安は恐怖へと変わる。それで、「病院に行かなかったら、病気にならなかった」という言い方もあるほどだ。

恐ろしくて緊張した気持ちは、治療に役立つことはない。それで私は、聴診器だけでなく消毒薬のクレゾール液もいつも温めておく。出産をしたり、手術を受けて一人では起きられない患者を、看護師や看護人の手を借りずに私が直接抱きかかえて起こす。初めは、患者を慰め、親しみを表すための行動だったが、続けているうちに、それがもう一つの診察という事実を知った。患者を抱きかかえると、熱があるかないかが直ちに感知でき、息と心臓の鼓動をそっくりそのまま体で感じられるし、患者の体の調子を感じることができる。重い感じのする患者は、まだ治療を受けなければならず、軽い感じがする患者は退院してもよいということも、文字通り身をもって知った。そのように患者と肌身で気持ちを分かち合うと、いつしか患者に接すると私の体も重くなるようで、逆に病状が好転している患者に接すると私の体も同じく軽くなる感じがした。

病院の建物の九階に住まいを設け、母と一緒に生活していた頃のことだ。毎日が目が回るようにあまりにも忙しく、日に二、三時間、患者のそばで添い寝するのもありがたく思えるほど、忙しかった。ある日、決心して深夜一二時頃、寝巻に着替え、ちゃんと睡眠を取ろうとした。もうこれ以上我慢していたら、病院も何も倒れると判断したからだ。明け方四時頃になったろうか。誰かがドアを叩いた。驚いて出てみると、この前から病院で診察を受けていた妊娠八か月の女性だった。

「何がありましたか。お腹でも痛いですか」

いくら聞いても返事がなかった。私が再度促すと、その時初めて滂沱のような涙を流しながら、やっと口を開いた。

「不安で……不安で仕方がなくて。夜中一睡もできなくて、こんな朝早くに先生にお目にかかりたくて駆けつけました」

それを聞いた瞬間、胸が詰まった。大きなお腹を抱えて日の出前の暗い道を一人で駆けつけたと思うと、痛ましく、また同時にありがたい気持ちがした。私は何も言わずに彼女を固く抱くようにして中に入れて、布団を掛けてあげ、横にさせた。しばらくすると、彼女は安心したかのように眠りに就いた。

激しい皮膚病で苦しんだ朝鮮王朝七代の世祖《セジョ》(在位、一四五五~一四六八)は、医人（医者）を「薬医・食医・心医」の三つに区分し、そのうちでも心医を最上とした。薬医は薬で治す医師を指し、食医は薬を使わずに食べ物で治す医師を指し、心医は文字通り病を心で治す医師を指す。何よりも心が安定してこそ、体の気が穏やかになり病気も良くなるという意味だ。日本で言う「病は気から」と通じる話だ。

医師と病院の役割は当然、患者の病気を治すことだ。だが、現代医学で治せない病気もまだ多くある。もちろん患者もこのことをよく知っている。それにもかかわらず、患者が医師に望むのは最善と誠意、そして温かい気持ちと慰めではないだろうか。**患者の苦痛を誰よりも理解して共感し、ともに治癒の道を歩くという心がけ、これが現代的な意味の心医ではないだろうか。**医師が患者を治すのは先端医療機器や施設、医師の技術、知識だけで解決されるものではない。「私があの病気を必ず良くする」「私の患者を必ず助けてあげたい」という誠意と信じる心が時として奇跡を起こすのだ。

一も奉仕、二も奉仕、三も奉仕

全経連（韓国・全国経済人連合会）付設の韓国経済研究院が公表した「韓国企業の生存報告書」によると、八〇年代初めに大流行したベストセラー『成功する企業の八つの習慣』に紹介された、韓国の四六社のグローバル企業のうち、今も生き残っているのはたった五つにすぎないという。世界的な優良企業として紹介され、称賛を受けてからわずか三〇年で、九〇パーセントが淘汰されたのだ。先進国に比べ、企業の浮沈が激しい韓国の場合、企業の寿命は短く、上場された企業の平均年齢は三〇歳にすぎないという。実際に一九九七年から二〇〇〇年当時、IMF経済危機が発生してわずか三年で、韓国の二〇大財閥のうち、半数が倒産した。

一方、お隣りの日本の場合、一〇〇年以上の伝統のある企業が一万六〇〇〇を超えている。この「百年企業」の中には創業以後一度も企業理念を変えていないところも多いと言う。創業精神を維持しながら、技術を革新しているという共通点を持っている。注目すべき点は、これら百年企業の企業理念の中で最も多いのが「顧客中心主義」である。顧客のためとする価値を最優先として経営してきた企業は、それだけ長く持続可能な経営ができたということだ。

私は李吉女産婦人科を開院する時に三つの原則を定めた。それは「一も奉仕、二も奉仕、三も奉仕」というものだ。病院のドアを開けて入り、診察を終えて出て行くまで、病院の中ではすべては患者の立場で、患者に便利なように準備され、維持されなくてはならないということだ。患者を不便にさせる病院は存在理由をなくしたのと同然だ。

例えば、医師の診療室は陽射しの当たる暖かい窓側に配置し、患者の病室は日陰の奥の隅にするというのは話にもならない。病室は病院で最も良い所に設けねばならなく、患者が使うトイレは広くて、清潔でなければならない。すべての施設と装備、そして書類は患者が簡単に使えるように備えねばならない。だが、原則を決めたからといって、患者を間近で接する医療スタッフとスタッフの気持ちまで私と同じように変えることは容易ではなかった。ある日ある女性患者が、診察台の前でためらいながら、ただ時間だけ費やしているではないか。ところが、そばで待っていた看護師の無神経な言葉が信じられなかった。

「ちょっと、早く上がってください」

その瞬間、胸がどんと落ちるような気がした。もちろんその日も患者は、廊下はもちろん出入口まで長蛇のように並び、診察を待っていた。そのような状況で患者がためらうので、看護師も忙しくて疲れていたのか、思わず発してしまったのだろう。だがその瞬間、その患者はどれくらい恥ずかしい思いをしただろう。その気持ちを思うと身の毛がよだった。

「大丈夫です。急がずに気をつけて上がってください」

私はひとまず丁寧な対応で患者を安心させ、他のどの患者よりも親切に診察をした。その患者が帰った後、私はその看護師を呼んで診察台に横になるように言った。私も産婦人科医師として初めてガウンを着た時、看護師が見守る中で診察台に横になったことがある。服を着たままだったが、顔が自然と火照《ほて》り、長く横になっているのがいたたまれなかった。案の定、その看護師も、長くそうしていられず、すぐに起き上がって座り直すと頭を下げて謝るのだった。

一度でも産婦人科に行ったことのある女性ならよくわかるだろうが、産婦人科の診察台というのはとてもきまりが悪い。それまで一度も産婦人科の診療を受けた経験のない女性にとってはより一層そうだ。診察台を前にして、さっさと上がれないのが当然だ。その看護師が一度でも患者の立場で考えただろうか。あるいはまた、経験したのであれば、絶対にそのような言動はしなかったであろう。

スペインの象徴は、言わずもがな闘牛である。それには私たちの知らない原則がある。初めから主演の闘牛士（マタドール）を送り出すのではなく、まず若い闘牛士を先に送り出し、牛と対決をさせる。それで怒りが込み上がった牛の攻撃性が最高潮に達した時、赤いマントと剣を持った派手な出で立ちの本番の闘牛士を登場させる。彼の役割は牛の急所に剣を刺し、競技を華々しく終わらせることだ。この時、もしも闘牛士が失敗をしたら命が危うくなる。牛はもちろん闘牛士も絶体絶命の瞬間である。だがこの瞬間のために、闘牛士は幼い時から血のにじむような修練と努力を繰り返してきた。これを闘牛用語で「真実の瞬間（ＭＯＴ）」という。

ストックホルム大学のリチャード・ノーマン教授は、闘牛用語であるＭＯＴをビジネス上の意味に借用し、「顧客が組織のある一面と接する瞬間、サービスを提供する組織および品質に対する印象を受ける顧客の接点」と解釈している。闘牛と闘牛士が接する決定的な瞬間に、お互いの運命が分かれるように、企業も顧客と接する決定的な瞬間に運命が分かれるというのだ。

ジャック・キャンフィールドの『こころのチキンスープ―愛の奇跡の物語』には、私たち医師の鑑になるような話が多い。ある女性が、がんにかかった父を連れて病院に行った。彼女は病院職員のあらゆる不親切を耐え忍びながら、威厳と自尊心を剥ぎ取られ、数時間にわたってあっちこっちとたらい回しにされる父の姿を見て、大きな衝撃を受ける。彼女は診察が終わった後、医療スタッフに向かってこう言った。

「あなた方がそのような扱いをした私の父ですが、これまであらゆる困難の中で私を育てくれ、私を夫と引き合わせてくれ、私の息子が生まれる時に見守ってくれ、私が悲しみに陥った時はいつも慰めてくれたのです」

最近サービス業界では「ワークスルー（walk through）トレーニング」を導入する事例が増えているという。「ワークスルー」とは文字通り、顧客へのサービスをあらかじめ自ら体験してみることだ。例えば、病院ならば医療スタッフが直接患者になって予約で受付、待機、診察、治療、投薬、再診まですべてのプロセスを先に体験してみることだ。

いつか、大型総合病院で科長として勤めた医師ががんにかかって入院をし、医療スタッフがどれほど不親切で、病院システムに問題が多いのかを、その時になってやっと悟ったというコラム記事を読んだことがある。顧客中心とは言葉のうえではそんなに難しいことではない。顧客の立場になってみること、顧客の立場になって「真実の瞬間」を体験してみること、そしてその過程で顧客の心を知ることだ。

「顧客中心」や「顧客感動」とは、すべての人間に対する愛を強調する言葉だ。そしてそれは、公益的な価値を経営する私にとって、一瞬も忘れられない大事な価値である。

大義は必ず報われる

最善を尽くして神の摂理に任せる

私はいつも、世の中に必要とされる人になりたかった。社会に対する負債意識というか、分別がついた頃から、私は社会に必要とされる私の役割があると思った。幼い頃に読んだ本の影響もあったし、何よりも母の教えがそうだったからだ。私が仕事をして他人を喜ばせること、それが私の幸福であり天命だと考えた。そのように信じて周囲を見渡すと、私にできることと、私がしなければならないことが思ったより多かった。

その間、私のこうした思いを行動に移すために不断に努力してきた。そして結論から言うと、私個人の利益より公的な利益を優先した時に、その実がはるかに甘くて美味しかった。私の行動と決定一つで、多くの人が幸せになるのを見るのは、本当に言葉では表せないほど、満たされて、やりがいがあった。

嘉泉吉財団は、韓国最高水準の実力を備えた三つの基礎科学研究所を運営している。教育科学技術部からＷＣＵ（世界水準の研究中心大学）として指定された脳科学研究所（趙長熙所長）、李吉女がん・糖尿研究院（朴相哲院長）、嘉泉バイオナノ研究院（スティーブン・チュウ名誉院長）がそれだ。世界的な学者である趙長熙博士と朴相哲博士を迎え入れたいきさつは、先に詳しく説明した通りだ。嘉泉バイオナノ研究院を建てる時、名誉議長にノーベル物理学賞受賞者であるスチーブン・チュウ博士を迎え入れた。彼は後に、オバマ政府のエネルギー長官となったが、私の人を見る目は間違っていないことを証明してくれた。

今になって誰もがすごかったと言うが、私が初めて基礎科学研究所を設立すると計画を明かした時、人びとは私が気でも狂ったのではないかと言ったものだ。韓国政府も思いもよらない最先端基礎科学研究所を、それも一度に三つ建てるというから、まともな精神状態ではないと思ったのだろう。事実、財団の立場でもそれほどの大型プロジェクトを進行させることは、財団の存亡を賭けた危険な事業だったことは確かだ。たとえ見かけのうえでは成功しても、今すぐに収益を出す可能性がほとんどなさそうに見えたから、よけいそうだったのだろう。

言葉では基礎科学分野だが、お金を無限に注ぎ込んでも成果がどれほど出るか、また成果が出たとしてそれが収益に繋がるかどうかは、誰にもわからないことだ。

そのために財団内外の多くの人びとが三つの研究所を同時に建てることに反対した。確か

嘉泉吉病院の三大研究所の一つ、脳科学研究所

に、彼らの意見は間違っていなかった。企業を経営するに当たり収益創出は必須だ。何の利益も出せない企業は存在理由がない。利益があってこそ社会的な機能と責任を果たすことができる。ただし私は、現在の利益に夢中となって未来の価値が見えないことを警戒する。今直ちに利益が出なくても、それが社会のために必要なことで、未来に活用できることならば、私は推進する。基礎科学投資もそんなことだと思ったので推進した。

三つの研究所を建てて運営するために、今まで約二〇〇〇億ウォン（二〇〇億円ほど）を超えるお金が投資された。もちろんここから出るのは学術論文の他にはほとんどない。そのような点から、人びとが私を狂ったと思うのも当然かもしれない。しかしながら、私でなければ誰にもできないという思いがしたから、果敢にやっ

嘉泉吉病院の三大研究所の一つ、李吉女がん・糖尿研究院

てみたのだ。

一九七〇年代初期エレベーターと超音波検査機を備えた産婦人科医院は、仁川地域では李吉女産婦人科が唯一だった。多額の資金を使って先端医療装備を導入し、現代式の病院を建てると多くの人びとが首を横に振って言ったものだ。

「仁川のような貧しい所にあえてこのような立派な施設を備えた産婦人科を設け、いったい何をしようとするのですか」

李吉女産婦人科が韓国のどの病院もしなかった「保証金のない病院」を掲げた時も、人びとは「李吉女は自滅する」と陰口をたたいたものだ。だが人びとは、お金より患者の生命を大切に思う私の真心を認めてくれて、その分だけ、李吉女産婦人科に多く足を運び、頻繁に訪ねてくれた。

嘉泉吉病院の三大研究所の一つ、嘉泉バイオナノ研究院

私が日本からの留学を終えた後、全財産を投資して女性医師初の医療法人「吉病院」をスタートさせた時も、人びとは驚く一方、憂慮したものだ。だが、私があの時に医療法人化という時代の流れを避け、お金儲けに都合のいい開業医院を運営することに満足したなら、今の嘉泉吉財団は存在しなかっただろう。

私はしばしば人びとから狂っているとまで言われもしたが、しかし結局は、願っている目標を成し遂げた。一九五八年、八坪（二五平方ほど）ばかりの診察室を備えた小さな医院から始まり、現在は単一病院の病床数を基準にすると、韓国で最上位圏の総合病院として成長したのだから成功したと言えるだろう。

長いと言えば長い人生という旅路に、とどまっていられると思うのは間違いだ。現状維持しようと決心したその瞬間、その人は間違いなく退歩する。自分はじっと立っていると思っても、世の中は気づかないが、休むことなく前に進んでいるからだ。また同じ理由で、世の中が進む速度と方向に自分の速度と方向を合わせるのも、同じように現状維持にすぎない。**皆が歩いている道から少しでも抜け出し、新たな道を探し出して、皆が行っている速度より少し速い速度で歩むことで、真の進歩と成功を勝ち得ることができる。**

私の夢は現在進行形だ。最近、私の関心はすべて嘉泉大学に注がれている。暻園大学と嘉泉医科大学を統合した嘉泉大学は、一〇余年間精魂を込めて積み上げた作品だ。二〇〇六年、嘉泉医大と嘉泉吉大学、二〇〇七年、暻園大学と暻園専門大学の二度の大統合で、二〇一二年を迎える準備をした。今後、世界的な名門大学に発展していく嘉泉大学の未来を思うと、胸が熱くなる。

この二つの大学はこの間、各自の領域で競争力を強化してきた。二つが一つになったことで、短所は補完され、長所はより強化されるはずだ。二つの大学が統合し、学生数が二万人に達するマンモス大学になった。しかし規模だけでは意味がない。私たちは類似の重複している学科を一五に統合し、効率性を高めた。二つの大学が一つになり、経済性においても効率的になり、運営面でも何かと質的向上を計ることができるようになった。教育および研究力量強化にも弾みがついた。もちろん統合推進過程で困難が少なくなかったことも事実だ。だが、二〇一〇年九月、李周浩《イジュホ》教育科学技術部長官（大臣）はうちの大学を直接訪れ、教職員を前にこう語った。

「大学構造調整（統廃合）は国家的にも重要な問題です。その意味で嘉泉大学は先頭を切って構造改革の良いモデルになっています」

何かのモデルとなり、手本となることはそれだけ負担と責任が伴うという意味でもある。だが、大学構造改革の成功モデルとなって大学の未来像を提示するのが、私にできるもう一つのことだと思う。

嘉泉医科学大学を設立した当時、その後嘉泉大学へと発展し、首都圏の新たな名門大学になるだろうと予想した人は誰もいなかった。多くの人は激励よりも心配をしたし、実際に少なくない問題に直面した。だが私は、そういう憂慮をよそに今まで何度も挑戦を繰り返し、夢を一つずつ成し遂げてきた。

振り返ると、私は今まで一瞬たりとも現実に満足したことがない。情熱と挑戦する精神がなかったら、私は今頃平凡な家庭の主婦としての人生を送っていただろう。田舎の少女が、ソウルの名門医大を卒業し、ガウンを着たことだけに満足したのなら、今頃は引退して孫の面倒をみる楽しさなどにどっぷり浸かっているか、海外旅行などしながら安楽な老後を送っているはずだ。もちろんそのような人生もけっして悪くはない。だが私は、そのような人生を望まなかった。私の人生はいつも病院と学校を中心に成り立っていた。

越えられないアルプスなどない

現在の仁川市九月洞《クウォルトン》に位置する「嘉泉医大吉病院」は、いわば一つの巨大な医療団地だ。吉病院本館の他にもがんセンター、心臓センター、応急医療センターを始めとして一〇の専門医療センターがあり、脳科学研究所を始めとしたいろいろな医療研究所が集中している。病院の周りにはアパート団地が密集し、近くには市庁があり、仁川市内で最も賑やかな所でもある。このような環境を見るたびに、隔世の感を覚える。一九八七年、吉病院を建てた頃、ここはまるで荒野だったからだ。

私は医療法人吉病院を建てた時からすでに、医療・教育・研究機能が統合された大型総合病院を構想していた。そんなある日、仁川市庁が入る予定の九月洞開発予定区域付近が医療用地に指定されたという話を聞いた。私はすぐに新たな病院を建てるための計画を描き始めた。九月洞医療用地の周りは富平《プピョン》工業団地と朱安《チュアン》工業団地、半月《バンウォル》工業団地が入っていた。始華《シファ》工業団地と全国最大規模の中小企業専用工業団地である南東《ナムドン》工業団地が入る予定であった。大型総合病院のロケーションとしては非の打ちどころのない良い条件だった。

ところが、私のこの選択に周りの人びとはびっくりして跳び上がった。

「医療用地とは名ばかりで、一方では牛が草を食べていて、片方では雑草が茂っています。今後市庁が移ってきて、工業団地が入ると言うが、それがいつのことになるやら誰がわかりますか」

「こんな荒野まで病院を訪ねてくる患者がいますか。大型総合病院を建てたのに、患者が来なければ滅びます」

果たして、仁川市庁の移転が遅くなれば困ってしまう。万に一つ、工業団地の認可が取り消されれば、それも大変だ。計画通りに周りの環境が造成されても、工業団地が完成し、企業が入居するまでどれくらいの時間がかかるか、誰もわからなかった。だが、拡張の一途を歩んでいる仁川のような大都市は、今後ますます広い経済空間を必要とするはずだ、というのが私の考えだった。既存の繁華街は地価も高く、何よりもすでに医療サービスに対する需要と供給がある程度バランスがとれていた。文字通りレッドオーシャン(すでに競争が激しい市場の意味)だった。

悩んでいる段階では十分に意見を聞いて参考にするが、一度決めれば、ブルドーザーのように突き進むのが私のスタイルだ。私は直ちに用地を買収し、工事を始めた。そのように誕生した吉病院は開院して六か月で五〇〇病床がすぐに満杯となった。急いで施設を拡張し、ベッド数を一〇〇〇床に増やしたが、それさえも一年後には患者でいっぱいになった。二〇年以上前に私が荒野で目撃した、林立するビルと人の波は幻影ではなく必然的な未来であった。

十分にうまくいく可能性があるのにもかかわらず、マイナス部分だけを肥大化し、まだ来ない未来を心配することに時間とエネルギーを消耗するのは愚かなことだ。**否定的な可能性に固執すれば、肯定的な可能性を見通す力が相対的に小さくなる。これが「李吉女式の楽観主義の経営哲学」だ。**

悲観主義はリスクと不確実性を減らすために悩む段階で必要であっても、実行段階では全く必要ない。条件が同じならば、いつも悲観より楽観の力が強い。挑戦する人生の航路は険しい。何かに挑戦すると決めた瞬間から、すでに難しくて恐ろしいことに向き合ったのと同じだ。「世の中は広くて、すべきことは多い」と人は言う。それならその多いことの中で、私のすべきこと、私に適合したことは何だろうか。

自分の能力を最もよく把握できる方法は、具体的な状況に自分自身を投げてみることだ。すると何が好きで、何が上手なのか、反対に何が嫌いで、何が足りないかをはっきり把握できる。もちろんこの過程で、試行錯誤と失敗というリスクは甘んじなければならない。だが、何度も強調するが、挑戦と冒険に伴う試行錯誤と失敗は、消耗される費用ではなく厳然たる投資だ。いつの日か、充実した成果を実らせるための肥《こやし》だ。

だから子供を育てる時はできるだけ、幼い時から挑戦と成功、失敗という経験をさせることが重要だ。この過程を通じて子供は自分自身について十分知るようになる。そのように育った子供は人生を決定する重大な時期に直面した時、自分が真に願うものを選択することができる。機会が訪れてきた時に全身の感覚が「そうだ、これだ」と叫んでくるのだ。これがいわゆる「挑戦の遺伝子」だ。すべてをあまりに容易に決定し、簡単に挑戦するように見えるが、しかしながらそれだけ難なく成就する人は絶え間ない挑戦と失敗という経験を滋養分とし、人生を楽しむことを知っている直観主義者なのだ。直観力は絶えざる経験と試練によって培われるからである。

本当にしたいことがあれば今すぐ始めなさい。そして失敗を恐れることなかれ。人間に対する愛情さえあれば、結局はその目的地に到着するだろうから。

未来の価値を甘く見ることなかれ

カメラとフィルム業界で長らく世界最高を誇っていたコダックは、デジタル革命でフィルム産業が斜陽化するという事実を予測できなかった。一足遅れてデジタルメモリーがフィルムに代わるという事実を悟ったが、積極的に変身しようとするわけでもなく、映画製作用フィルム生産に主力を注ぐなど、時代の流れに逆行する歩みを繰り返し、衰退していった。投資した費用と持っているものにこだわりすぎ、重要な決定時に過ちを犯す典型的な「埋没費用」(Sunk Cost)のエラーを犯してしまったのだ。その面でコダックは未来をどのように見るか、その未来に対してどのように対処するかによって、企業の命運が変わることがあるということを証明した最近の代表的な事例だ。

未来を見抜く能力と未来に応じようとする努力は、企業だけでなく個人にも大変重要な競争要素だ。特に今日では、未来に対する態度が企業と個人の運命を左右するほど大きな影響を及ぼす。私たちは今、どの時代よりも急速に変化する時代に生きているからだ。農耕社会が一万年間続いたし、蒸気機関の発明で触発された産業社会は二〇〇年間持続した。しかし、二〇世紀末から始まった知識情報化社会はわずか五〇年も経ていないのに、後期知識情報化社会となり、再び新しい社会に向かう変化の流れが、今この瞬間にも休むことなく続いている。

わずか二〇〇年前までの農耕社会において未来とは、はるか遠い将来だった。その時代に生きる者の問題ではなく数十、数百世代以後の子孫のことでしかなく、未来はさほど重要ではなかった。未来に対する展望よりも過去の経験と知識がより重要だった。農業で生計を維持し、自然に順応して生きていくことが、遠い過去から持続してきたからだ。したがって、年配者の経験に加えて知識と知恵が尊重され、年長者はいつも若者に尊敬された。

だが、今日の私たちが話す未来とはまさに明日のことであり、今までの私たちの人生を根こそぎ変えてしまうほど恐るべき変化を秘めている。今でこそ「IT大国」と呼ばれる韓国に、インターネットが初めて導入されたのはわずか二〇余年前のことにすぎない。そしてそれが商用化され、個人を対象としたサービスが発売されたのは、わずか二〇年前の一九九〇年代初期のことだ。しかし、今の私たちにとってインターネットのない世の中は想像できないほど生活の一部となった。

変化は日常的で、あらゆる分野の専門家はこのような変化が今後さらに加速されると言う。このようにすべてが急変する時代では、どれくらい早く、正確に未来を予測し、その変化に対応するかが成功のカギとなる。「現代経営学の父」と呼ばれるドラッカーは「一企業の能力を測定する最も重要な基準は、明日の機会を予想し、投資するその企業の能力」だと喝破した。

変化に押されてやむを得ず変身を試みる人と、他人が思いつかない時から準備する人とは出発点から違う。危険負担は後者がより大きいかもしれないが、彼はその分さらに広い新天地を獲得でき、自分の欲する方向と形通りに変化の流れを主導できるからだ。偶然にも変化を意味する英語「change」と、機会を意味する「chance」は綴りが非常に似ている。ドラッカーはさらにこう言っている。

「明日は機会だ」と。

私は、周りが引き止め、冷笑するにもかかわらず、脳科学、がん・糖尿、バイオナノ分野を研究する最先端研究所を建てることを決心したのは、すべて未来の価値に対する信念と確信からであった。**直ちに、今日の目で良く見えるのは、すでにレッドオーシャンだ。**レッドオーシャンでは後から出港した船が獲る魚なんかない。**一匹でもたくさんの魚を獲ろうとするなら、未来に存在するブルーオーシャン（有効需要の多い市場）を果敢に探し出さなければならない。**

社会進出を控え、いかなる職業を選択しようかと悩んでいる若者たちが多くいる。未来学者は、今後五〇年間に、現在存在している職業の九〇パーセントが消えると言っている。近い未来には果たしていかなる職業が新しく生まれるだろうか。今後社会はどのような方向に発展していき、どのような人材を必要とするだろうか。それを予測して準備することこそ勝利する秘訣であり、公益経営に向かって進む道である。

万事を肯定し、信頼しなさい

世の中を変える力、肯定力

自分が創業した会社から追い出され、苛酷な試練を体験した後、再びカムバックしてｉＰｏｄとｉＰｈｏｎｅ、ｉＰａｄで世界中に旋風を巻き起こしたのが、二一世紀最高の企業家・故スティーブ・ジョブズだ。だが、彼の成長過程はみじめであった。

彼は生まれて間もなく、未婚の両親によって養子縁組に出された、一人ぼっちの泣き虫だった。大学では神秘主義と幻覚剤に浸かって過ごす妄想家で、さらに大学に通うほどの状況ではなかったので、中退してしまった。そんな彼が、世界初のパソコンを作り出し、世界屈指の億万長者となり、世界のＩＴ市場のトレンドを導く麒麟児になった。彼の成功の要因は何なのか。私は「夢」だったと思う。幼い時からコンピュータで世の中を変えるという大きな夢を抱いた彼は、コンピュータが人類社会に産業革命のような一大革命をもたらすと確信した。

周りの引き止めと心配にもかかわらず、意気軒昂と南極探険に発った英国の探検家スコット卿も同じだ。彼は一九一二年一月、あらゆる苦労の末に南極大陸に到着したが、再び帰ってくることはなかった。帰り道、悪天候に遭い、食糧不足と凍傷に苦しんだ果てに、探検隊一行とともに死んでしまった。後日彼の死体と一緒に発見された日記にはこう書いてあった。

「私たちは紳士らしく死ぬだろうし、残念ながらこれ以上書けないようだ。すべての夢が消えた」

そして三年後、スコット卿の後に続いて再び南極探険に挑戦した英国の探検家シャクルトン大佐導く探検隊もまた、帰り道に遭難した。彼らは極地の海を漂う氷の塊に閉じ込められ、なんと七九日間も南極の夜と零下四〇度の酷寒に耐えた。食べ物もなかった。だが、シャクルトン大佐と二二人の隊員は一年七か月を耐え忍び、一人の落後者もなく無事に帰還した。一年後シャクルトン大佐は自叙伝にこのように書いた。

「私と隊員は氷の中に二年間も閉じ込められたが、私たちは一度も夢を捨てたことはなかった」

全く同じ夢を持った二人が夢を実現するために果敢な挑戦に出た。そして同じ危機に直面した。その状況で一人はその夢を捨てたし、一人は最後までしっかりと大事に持っていた。結局、夢を捨てた人は失敗したし、夢を持っていた人は成功した。

夢は誰も持つことが許されている、公平無私で無限の資源だ。他人よりも大きな夢を見るからといって、費用がたくさんかかるわけでもなく、他人には雲をつかむようなことだからといっ

嘉泉大学の象徴の一つ、メディカルキャンパス

て、顰蹙《ひんしゃく》を買うことでもない。

私は嘉泉大学の新入生にいつもこう言っている。

「狭苦しい場所で寝ても大きな夢を見てください。誰もが人生を賭けてみるほどの夢を一つくらいは持つべきです。たとえ今はむさくるしくて大変でも、夢は大きく持つべきであるということです。その夢が、自分の生涯で実現されるという保証がなくても、その夢を大事に追求して努力する過程でより大きな人生を送ることができるはずです」

私自身は、私が夢見た多くを成し遂げた。小学校の時から切実に望んでいた医者になったし、医者になって病気で苦しむ人たちを治療するという夢も成し遂げた。心から患者の世話をする立派な医師を自分の手で養成したいという数十年の願いも、嘉泉医科大学を設

嘉泉大学の象徴の一つ、グローバルキャンパス

立することで成し遂げた。統合した嘉泉大学はすでに「韓国一〇大私学」に跳躍するためのステップを踏み出し、韓国はもちろん海外でも前例のない海外グローバル研修センターのオープンまで控えている。私はこのように嘉泉大学を世界的な名門にするための夢の手続きを一つずつ踏んでいる。ビジョンタワー建設と薬学部誘致、そして通いたくなり、楽しくときめくキャンパスを作るための地道な努力も着々と進行している。

嘉泉大学キャンパスは総合大学の基本教育プログラムを忠実に実行し、そこでは人文科学・社会科学・工学・生命科学・芸術分野を集中担当する「グローバルキャンパス」で育成する計画で、仁川のメディカルキャンパスでは、医学・薬学・保健分野を

集中育成する、メディカルキャンパスとして特化する計画だ。

嘉泉吉財団の傘下には、嘉泉医大吉病院の他にＢＲＣ㈱というバイオ研究団地（Bio Research Complex）の開発事業を展開する企業がある。ＢＲＣは仁川、松島《ソンド》国際都市に約二〇万平方メートル（六万坪ほど）に達する敷地を確保し、現在ＢＴ・ＩＴ・ＮＴ研究団地を造っている。ＢＲＣ事業が完了すれば、大学は新薬研究と医療機器開発、先端医療サービスなどを研究するもう一つの先端メディカル団地を保有するようになるだろう。

嘉泉大学の統合を控えていた頃、私は外部専門家たちに統合の未来について尋ねた。二〇一〇年七月嘉泉大学ビジョンタワーで全国国公立校長団会議が開かれた日のことだ。この日、五〇〇〇人以上の校長先生が韓国各地から参加したが、彼らを対象にしてアンケート調査を実施した。その結果、九八・三パーセントに達する人が、嘉泉大学が「韓国一〇大私学」への跳躍というビジョンを成し遂げることができるだろうと答えた。

このように**私の夢はいつも頂上に向かって走っている。**だが、世界最高の大学という頂上に着くためにはまだまだ道は遠いことも知っている。しかし、**私は一時も「不可能」を考えたことがなく、いくら難しいことでも「可能性」を先立てて考えてきた。**この社会は、否定ではなく肯定する人びとによって前に進む。

受けた恩恵を施す

一九五〇年代、宮崎県の小島という無人島でサルを相手に一つの実験をした。サルにサツマイモを投げ与え、どのように扱うかを見守った。初めは土だけを払い落として食べていたサルだったが、その後川の水でサツマイモを洗って食べたのである。数年が経ち、そのように川の水でサツマイモを洗うサルが増えていたが、不思議なことが起きた。実験地域ではない向かい側の島と森に住むサルまで川の水でサツマイモを洗いだしたのだ。これが社会学理論の一つの「一〇〇匹目のサル現象」だ。この理論は動物学者であり未来学者である英国生物学者ワトソンが、日本のある動物生態研究所の記録と資料を根拠にして唱えたものだ。新しい習慣や文化形態を行う数が一定程度に達すると、その集団に限定されずに時間と空間を超越し、非常に速い速度で広がるというのが、この理論の核心だ。一つ特異なのは、年上のサルはこの変化を簡単に受け入れなかった。ところが、一定数が変化を受け入れ始めると、年上のサルもこの変化を認め、結局彼らに従った。その結果、その近辺のすべてのサルはサツマイモを川の水で洗って食べるようになったのだ。

しばしば「マーケティング」というのは企業のビジネス現場での概念だと考える人が多い。以前には経営学者らもそのように考えた。ところが、コトラーとレビーという二人の経営学者はこれに対して疑問を抱いた。

「マーケティングの対象はビジネスに限定されない。病院や学校、教会、政治などの非営利組織でも必要だ」

このような非営利組織は財貨やサービスを提供しない。だが、患者や学生、信者、有権者から明確に一定の「代価」を受けて、「価値」を提供する。そのような意味で、非営利的な組織にも流通やマーケティング、プロモーションが必要だというのがコトラーとレビーの考えだ。当初、二人の主張はマーケティング固有の意味とアイデンティティを薄っぺらにさせるとし反対した学者らも結局、これを受け入れた。現在ＡＭＡ（米国マーケティング協会）のマーケティングの定義には、この概念が明確に反映されている。

このような問題意識は、今日の「ＣＳＲ（Corporate Social Responsibility）」、すなわち「社会的な責任経営」という概念に発展している。いかなる組織や集団でも、一定規模以上に成長すると自然に地域と国家の中で本来の目的の他に、一定の社会的な役割を要求される。環境投資、奨学事業、文化事業など積極的な意味の責任を遂行しなければならないということだ。最近企業では、ブランド価値向上など長期的な投資価値を重視し、ＣＳＲを積極的な経営戦略として活用する事例も増えている。

六〇年代の仁川地域の多くの美容室の壁には、李吉女産婦人科の電話番号を記したカレンダーが一枚ずつ掛けられていた。それにはエリザベス・テイラーやオードリー・ヘップバーンのようなハリウッドのトップスターの写真が一緒に載っているので、注目度も高かった。パーマをする時に肩に掛けるプラスチックカバーや、髪を巻く時に使う紙にも李吉女産婦人科の名前が印刷されていた。女性たちが頻繁に訪れる空間であり、さながら口コミ・マーケティングのメッカといえる美容室を対象にしたこのような宣伝広告を始めたのは偶然だった。

李吉女産婦人科をオープンして何年か経ったある日、仁川地域美容師協会の関係者たちが私を訪ねてきた。

「院長、美容界にはシタ（日本語の下、下っ端から由来。年若い下働きをする新米のことを指す）と呼ばれる若い女の子たちがいます。美容師のそばで仕事を手伝いながら技術を習得する娘たちです。だが、この娘たちは婦人科疾患にかかっても病院に行こうとしません。経済的に難しいこともあるけど、まだ若いから産婦人科に行くことが恥ずかしく、また恐ろしく思っているからです。それでですが、この娘たちには診療費を安くしてくれるか、後払いにしてもらうわけにはいきませんか。そうしていただければ、うちの協会でも先生の病院のために協力できる可能性を探してみます」

多少突飛な提案だったが、彼らとしては私が奉仕活動に関心があるという噂を聞いて訪ねてきたようだった。私はその場で快諾した。すでに無料検診もしているし、一日中立ったまま骨の折れる仕事に従事する、まだうら若い娘さんの事情を無視する理由はなかった。しかも、美容師は忙しくて大変な中でも奉仕活動に関心があり、よくすると噂される職業でもあった。休みの日には美容院のない田舎や山間の村を訪ね、無料で住民たちの髪を切り、パーマもしてあげていた。当時、特に田舎にはアタマジラミが多く、頭に殺虫剤を散布し、退治するのも彼女たちの役割だった。話が出たついでに私は、美容師協会に無医村診療と美容奉仕が一緒になって、西海（黄海）の離島で医療奉仕をしようと提案すると、同意を得た。

李吉女産婦人科を広報するからといって、美容の用品に広告をすればどうかと先に提案したのも彼らだった。その広告を見てどれくらい多くの人びとが病院を訪ねて来たかはわからないが、その効果はけっして少なくなかったと思う。素朴だが、CSR経営戦略のおかげで、ブランド向上という副収入を得たと言えるだろう。

一九九〇年からは、お金がなくて診察を受けられない患者を持続的に助けるために「新しい生命探し運動」を繰り広げた。吉病院だけでなく広く市民が参加するように、一九九二年には新しい機構を作った。市民を対象として、コーヒー一杯の値段である一〇〇〇ウォンの誠金《ソングム》（寄付）で後援できるようにし、私は診察を行った。マラソン大会を開いたり、後援コンサートを開催するなど積極的に広報したおかげで、今まで四〇〇〇人を超える医療疎外者に無料で手術をしてあげることができた。

吉病院はかなり前から、海外において無料医療奉仕活動を実践してきた。一九八三年、韓国を訪問したレーガン元米大統領夫妻は、帰国の際に、韓国の心臓病を患っている子供二人を連れて帰り、無料で手術をしてくれた。費用問題以前に、当時韓国では心臓病手術をする技術さえ未熟だった。先端病院である嘉泉医大吉病院を完成した後、私は今まで私たちが先進国から受けた恩恵を、これからは返さなければならない時代だと思った。一九九一年初めてベトナムの心臓病の子供を連れて来て、無料で手術をした以後、モンゴル、中国、フィリピン、エルサルバドル、カンボジア、カザフスタン、ネパール、イラク、インドネシアなどの発展途上諸国の貧しい子供たちを対象に、今まで一八五人に無料で手術を施した。これに対して、二〇〇九年、モンゴル政府は私にフムテトゥテムテグ医療勲章を授与した。

世の中の縁というのは実に奥深いものがある。一九八三年にレーガン元米大統領夫妻の好意で米国に渡り、心臓手術を受けて新たな人生を送ることになった李吉雨《イギルウ》氏は、現在、国際救護団体のGOL (Gift of International) で仕事をしながら、私たちが運営している新しい生命探し運動本部の広報大使を務めている。

私は両親と社会、祖国から他の人びとより多くの恩恵を受けたと思う。より多くの恩恵を受けた者は、他者に対してそれよりも多くの施しを実践せねばならない。私は、今後も施さねばならないだろう。嘉泉吉財団は誰よりも多く奉仕し、分かち合うグループとして成長することが、私に残っているもう一つの大切な夢である。

公益的な価値を伝染させる

私が嘉泉吉財団に三つの研究所を設立してから数年過ぎたが、人びとは今も不思議がる。そのためか、私席で会うたびに必ず一回ずつはこのように尋ねられる。

「どうして二〇〇〇億ウォンを超える高額を投資しようとしたんですか。国家もできないことではありませんか」

そのたびに私はこう答える。

「どうも、私には仕事を増やす遺伝子があるみたいです」

もちろんそのような遺伝子があるはずがない。しかも、それを生まれながら持っている人がいるはずもないだろう。私は挑戦するのには何度も場数を踏む経験が必要だと思う。大きくても小さくても、成功しようがしまいが何度も挑戦した人の体内には、挑戦遺伝子が育つのではないか。挑戦遺伝子は自ら作り出すものである。

嘉泉医大吉病院経営が安定軌道に乗った二〇〇〇年代から、私は新たな挑戦を構想していた。嘉泉吉財団の未来、さらに韓国の未来のために私にできることを考え始めた。関連書籍を読む一方、医科学分野の専門家であり、トレンドにも詳しい人びとを熱心に訪ねて助言を求めた。

「新薬の開発分野が最も付加価値が高くありませんか」

「未知の領域として残っている脳科学分野こそ、今後医学が探求しなければならない核心分野です。いまだ人間の脳に関して明らかになっていることはほとんどありません。認知症やパーキンソン病を治療できるなら、それこそすごいことです。最近では海外でもその方面の研究が急速に進展していると言います」

「先進国型の医療サービス分野は何より衛生、予防医学です。病気になる前に発病自体を防ぐことこそ医学の本領であり、最高級の医療サービスではありませんか。韓国でも予防医学の重要性が注目されていて、今からでもまだ遅くありません。しかも院長のような方が本格的に飛び込めば十分に先導できる分野です」

いろいろな情報と助言を得て、多角的に考慮した結果、私が挑戦できて挑戦すべき分野はようやく三つに絞られた。「脳科学、がん・糖尿、そしてバイオナノ」の三つだ。

あえて統計を持ち出さなくても、脳疾患とがん・糖尿は、現在のこの瞬間でも、地球上の多くの人びとを苦痛と絶望の中に陥れている難病であり、高齢化時代を迎えて人間の寿命が長くなればなるほど、その深刻性が大きくなる退行性疾患だ。そして、これら退行性疾患を予防、診断して治療するための必須の手段として脚光を浴びている分野がバイオナノテクノロジーなのである。

この三つの分野こそ未来志向的で、そこから派生する付加価値も無限だという判断があった。例えば、私たちが画期的な認知症治療法や糖尿病関連新薬を開発することに成功すれば、少しオーバーに言うと、世界の七〇億の人口が私たちの病院の顧客となるわけだ。

もちろんこのような展望と関係なく、研究所を設立することはとても難しい。専門家に依頼し、プロジェクトを実行する予算を見積もってもらうと、維持・管理はさておき、研究所を設立するだけでも莫大な資金が必要だった。先端分野を扱う研究所であるだけに、建物はもとより設備と人材のすべてが格別でなければならなかった。端的な例として、代謝疾患研究に必須である超高磁場先端ＭＲＩ装備でも、高出力の七テスラ級は一台の価格が三〇億ウォン（二億五〇〇〇万円ほど）だった。そんな高価な装備を運用しながら、同時に先端研究を導く世界的な学者らと研究人材を迎え入れるのは、一般的な公開採用とは桁違いの莫大な費用が必要だった。

　このような難題に正面から真っ向勝負する勇気と力をくれたのも、やはり私の挑戦遺伝子だった。私なりに熟慮し、緻密に準備した結果、やってみる価値があると判断した。この分野で積み上げたこれまでの研究成果を見ても、私たちがもう少し努力すれば結果を出すことはけっして難しいことではなさそうだった。現在の脳科学研究所所長である趙《チョ》長《ジャン》熙《ヒ》博士も当時の私の確信に力を与えた。

「大型研究はアイディア、時間、お金という三つの要素がすべて備えて初めて成功します。三年前に始めたなら良い装備がなくてできなかっただろうし、三年後に始めたなら、ずいぶんと遅れるはずです。今がちょうど良いタイミングです」

　事実私は、失敗してもそれを克服する自信があった。私たちが先端研究所を建てて有意義な成果を上げれば、難病で苦しむ人びとには大きな奉仕となるだろうし、国家的にも世界的な競争力向上に尽くすことになる。たとえ失敗したとしても、今まで蓄積してきた経験と知識は残り、今後続く研究と産業開発の土台になるはずだ。

結局私は、七〇歳を超えた年齢でまた無謀な挑戦を始めた。

「このことは国家が立ち上げてやるには難しく、目の前の収益に社運をかけなければならない私企業が行うにも思うようにならない。ほとんどが任期制の大学総長率いる大学が主体になって推進するにも、プロジェクトがあまりにも大きすぎ、しかも長い時間がかかる。それなら、病院を運営している私がするしかない。収益という果実を得ることができなくとも、その研究結果が国家に役に立つならば、私は失敗なんか怖くない」

それは今までの私の人生の中で最も大きな賭けだった。残ったのは成功のために死力を尽くして疾走するだけだった。**検討は慎重でなければならないが、決定は果敢に、そして推進は攻撃的でなければならない。そして私は、もしかしたら私の人生の最後の賭けになるかもしれないこのプロジェクトを成功に導く自信がある。何よりも、私の魂の中にある挑戦遺伝子を固く信じているからだ。**

そんなことも伝染するというから、素晴らしい話ではないか。

エピローグ

荷物をいっぱい積んだ手車を引いて丘へ登ろうと唸る人がいた。

ある物理学者が近づき、彼に助言した。

「丘の角度が○○度だから、○○ぐらいの力を加えれば手車は登れるでしょう」

ある政治家は人びとに向かってこう叫んだ。

「皆が力を合わせてこの手車が登れるようにしてあげましょう」

ある言論人はあちこちを歩き回って、手車を登らせる画期的な方法がないかを取材するのに懸命だった。

だが、この三人の努力にもかかわらず、手車は峠を越えることができなかった。見るに見かねたある人が腕をまくしあげ、手車を押すとやっと動き始めた。

行動しなければ何も得られない。行動する人生だけが初めて人生を豊かにさせる。人間に対する愛も言葉や文章などで扱ってはいけない。夜を明かし、研究に没頭する医学者、○・○一ミリの誤差も許さずに鉄を削る旋盤工、部屋に引きこもって原稿用紙と格闘する小説家、皆が寝ている明け方まで学生の未来を考える教育者、彼らは人間に対する愛情を行動で示している。

医術も、教育も、何もかも頭で考え抜き、そして行動しなければ、何も成し遂げることができ

ないことを私は一生を通じて悟った。

今まで生きてきて、数えきれないほど政界に進出してはいかがという誘いを受けた。だが私の夢と希望は、過去も現在も、それから未来も病院と学校にある。政界に入るつもりだったなら、初めから大学の経営に足を突っ込むこともなかっただろうし、嘉泉大学をグローバル名門私学にするという夢も見なかったはずだ。私の人生のすべては学校と病院しかない。私の夢は大きくて深いが、私の行動は単純で素朴だった。グローバル嘉泉大学に生まれ変わったわが学園が世界的な名門になることを願って、吉病院が世界的な病院になることを願うだけだ。そして、嘉泉大学の誰かがノーベル賞をもらって、自身の持つ能力でさらに大きな愛を実践できることを期待している。これが私の思う真の公益経営だ。後に病院と学校を愛した人として記憶されればそれで満足する。母が無条件にすべてを子供に捧げるように。人間を母の心情で愛した人として。

そして読者の皆さんに言いたい。**公益経営こそ人間に対する愛だ**ということを。

訳者あとがき

私は二年ほど前に、李吉女《イギルニョ》さんの『夢と挑戦』を翻訳し、このたびまた本書『夢は叶えるためにある』を訳出する機会に恵まれた。

本書を訳しながら、何度も脳裡に去来したのは、いま躍進しているグローバル韓国の象徴としてあげられるのはサムスンやヒュンダイだが、実は李吉女さんこその名にもっともふさわしいのではないかということだった。彼女には、二年前の秋口に初めてお会いしたが、その若々しさにまず驚かされた。若さは単に容貌だけでなく、発想と見識であった。私よりも一回りほど年長であるのにもかかわらず、すべての面で私よりも若く発想が柔軟で、力強いという驚きであった。このことは本書でも十分に窺える。

その若さの秘訣については、本文ではひたすら未来に向かって挑戦する心意気だと言っている。向かい風に当たれば、ますます回る風車のように、李吉女さんにとっては、危機に遭えば、かえってファイトが湧くというのだ。さながらそれは、渡り鳥のインド雁《がん》が一万メートル上空を飛ぶ時、絶えず翼を羽ばたかさなければ寒さで凍えてしまうので本能的に動かしているのと、どこか似ているように思えた。李吉女さん自身本文の中で自らのことをいみじくも表現しているように、尽きることのない「挑戦遺伝子」の持ち主なのかもしれない。この「挑戦遺伝子」こそ、李吉女さんが後天的に勝ち得た「特許」なのだ。

彼女自身、「より多くの恩恵を受けた者は、他者に対してそれよりも多くの施しを実践せねばならないだろう。嘉泉吉財団は誰よりも多く奉仕し、分かち合うグループとして成熟することが私に残っているもうひとつの大切な夢である」と語っているが、飽くことのない彼女の「夢」と「挑戦」の人生が、本人も知らないうちに、いつの間にか「挑戦遺伝子」を形づくったのではないかと思えるのだ。さらに李吉女さんが経験から勝ち得たのは、類いまれな「直観力」である。それは禅で言うところの、心の内側から対象を見るという「内観」とも通じるような気がする。

私は、現在の地、茨城県小美玉市で美野里病院を開院して三〇年近くになる。けっして李吉女さんに倣ったわけではないが、残りの人生を教育事業に夢を賭けてみようと思っている。すでに、三年前から、つくば市で二つの保育園を開いており、さらに二〇一四年を機に、近隣の地に中・高一貫全寮制の学校を設立することにしている。学校は朝鮮半島の雅称にちなむ「青丘《チョング》学院つくば」と命名しており、この学校で韓国語、日本語、それに英語が駆使できる、グローバル社会に適応した生徒を育成したいと思っている。

李吉女さんの嘉泉大学のように、世界を目指すものではないが、鄙《ひな》にはまれなピカリと輝く人材を育む学び舎を作りたいと思っている。

李吉女さんと私は、生まれた年も地も異なるが、同じ医師の道を志し、同じ同胞《はらから》であるのか、この本を読みながら、ものの見方も、人生観も、また目指そうとしている方向も通底していることをはっきりと感じ取った。

病院と学校、言い換えれば患者の命を預かっている病院と生徒（青少年）の行く末を担っている学校は、ともに丸ごと人間を相手にし、人づくりと人助けを仕事にしているので、何よりも信頼されなければならず、同時にきちんと責任を持たなければならない。李吉女さんはそのことを本文の中で「私の人生はいつも病院と学校を中心に成り立っていた」と端的に語っている。私も遅ればせながら、そういう人生を送ることになるだろう。

近代朝鮮における大文章家に六堂《ユクタン》・崔南善《チェナムソン》（一八九〇～一九五七）がいるが、彼はかつて朝鮮社会を下から支えてきたのは、けっして男ではなく、その下で圧殺され続けた辛抱強い忍辱《にんにく》の女たちであったと言っている。その強い女たちのことを、六堂は「哲婦」と形容しているが、李吉女さんこそ、現代の哲婦の典型ではなかろうか。哲婦とは言い換えれば、凛々しく体を張って外敵から雛鶏《ひなどり》を守ろうとする慈愛と厳しさを併せ持つ母鶏のような存在だと思うのだ。

この本の原題は『美しい風車』であるが、私は李吉女さんのこれまで生きてきた道のりと、この本の内容から『夢は叶えるためにある』としたことを断ってなお、円とウォンのレートは、二〇一二年九月を目処とし、それ以前はその当時を基準とした。

二〇一二年一二月吉日

金正出

李吉女 イ・キルニョ
1932年、韓国全羅北道生まれ。ソウル大学医学部卒業後、米国のメアリーイマキュレイト病院にインターンとして勤務。日本大学医学部で医学博士の学位を受ける。1998年、嘉泉医科大学設立。その他、暻園大学総長など、韓国の医療、教育の分野を中心に第一線で活躍している。

金正出 キム・ジョンチュル
1946年青森県生まれ。北海道大学医学部卒業。茨城県小美玉市の美野里病院院長。カナダ韓国語学院主宰。訳書に李吉女著『夢と挑戦』(彩流社)、朴景利著『土地』(全6巻 講談社)監修者

夢は叶えるためにある

2013年 2月 2日 第1刷発行

著 者――李吉女
訳 者――金正出
発行者――原田邦彦
発行所――東海教育研究所
〒160-0023 東京都新宿区西新宿7-4-3 升本ビル
〔電話〕03-3227-3700〔FAX〕03-3227-3701 eigyo@tokaiedu.co.jp
発売所――東海大学出版会
〒257-0003 神奈川県秦野市南矢名3-10-35 東海大学同窓会館内
〔電話〕0463-79-3921

Printed in Japan
印刷・製本――シナノ パブリッシング プレス

定価はカバーに表示してあります

ISBN 978-4-486-03746-0 C0023